초등학생을 위한
표준 한국어

교사용 지도서

저학년
의사소통 4

초등학생을 위한
표준 한국어

국립국어원 기획 · **이병규** 외 집필

저학년
의사소통 **4**

마리북스

발간사

　국립국어원에서는 교육부 2012년 '한국어 교육과정' 고시에 따라 교육과정을 반영한 학교급별 교재 개발을 진행하였습니다. 이어서 2017년 9월에 '한국어 교육과정'이 개정·고시(교육부 고시 제2017-131호)됨에 따라 2017년에 한국어(KSL) 교재 개발 기초 연구를 수행하였고, 연구 결과를 바탕으로 초등학교 교재 11권, 중고등학교 교재 6권을 개발하여 2019년 2월에 출판하였습니다.

　교재에 더하여 학교 현장에서 다문화가정 학생들의 한국어 의사소통 능력 및 학습 능력 함양에 보탬이 되고자 익힘책을 개발하게 되었습니다. 교재와의 연계성을 높인 내용으로 구성하여 말 그대로 익힘책을 통해 한국어를 더 잘 익힐 수 있도록 노력하였습니다. 더불어 익힘책의 내용을 추가 반영한 지도서를 함께 출판하여 현장에서 애쓰시는 일선 학교 담당자들과 선생님들에게도 교재 사용의 길라잡이를 제공하고자 하였습니다.

　'다문화'라는 말이 더 이상 낯설지 않은 한국 사회에서 다문화가정 학생들이 한국 사회 구성원으로서의 정체성 함양에 밑거름이 되는 한국어 능력을 기르는 데《초등학생을 위한 표준 한국어》가 도움이 되기를 바랍니다. 국립국어원에서는 이제껏 그래왔듯이 교재 개발 결과가 현장에서 보다 잘 활용될 수 있도록 돕기 위하여 교재 개발은 물론 교원 연수 등을 통해 지속적으로 다문화가정 학생들의 한국어 능력 향상을 위해 노력하겠습니다.

　끝으로 3년간《초등학생을 위한 표준 한국어》교재와 익힘책, 지도서 개발과 발간을 위해 애써 주신 교재 개발진과 출판사에 깊은 감사의 말씀을 드립니다.

2020년 2월
국립국어원장 소강춘

머리말

2012년 '한국어(KSL) 교육과정'이 고시되면서 초등 및 중등 학습자를 위한 한국어(KSL) 교육은 공교육의 체제 속에서 전개되어 왔습니다. 모어 배경과 문화, 생활 경험과 언어적 환경 등에서 매우 다양한 한국어(KSL) 학습자들은 '한국어(KSL) 교육과정'이 적용된《초등학생을 위한 표준 한국어》를 배워 왔고 일상생활과 학교생활에 필요한 한국어 능력을 길러 왔습니다. 이제 학교에서의 한국어(KSL) 교육은 새로운 도약을 목전에 두고 있다고 할 수 있습니다. 지난 2017년에 '한국어(KSL) 교육과정'이 개정되면서, 새로운 교육과정이 적용된《초등학생을 위한 표준 한국어》 11권이 2019년에 출간되었습니다. 그리고 올해는《초등학생을 위한 표준 한국어 익힘책》11권이 세상에 빛을 보게 되었기 때문입니다.

새 교육과정에 따라 편찬한《초등학생을 위한 표준 한국어》와《초등학생을 위한 표준 한국어 익힘책》은 세 가지 원칙을 분명히 하였습니다. 첫째, 개정된 교육과정의 관점과 내용 체계, 교재 개발을 위한 기초 연구의 성과 등을 충실히 반영하는 것입니다. 〈의사소통 한국어〉 교재와 〈학습 도구 한국어〉 교재를 분권하고, 학령의 특수성을 고려한 저학년용, 고학년용 교재의 구분 등도 이러한 맥락에서 실행되었습니다.

둘째, 초등학교 한국어(KSL) 학습자와 교육 현장을 충분히 이해하고 고려하는 것입니다. 이를 위해 연구 집필진은 초등학생 한국어 학습자의 언어 환경, 한국어 학습의 조건과 요구 등을 파악하는 데 많은 노력을 기울였습니다.

셋째,《초등학생을 위한 표준 한국어》와《초등학생을 위한 표준 한국어 익힘책》을 긴밀히 연계하여 교수·학습의 효과와 효율성을 높이고자 하였습니다. 본책에서 목표 어휘와 목표 문법에 대한 부족한 활동을 익힘책에서 반복·수행하여 익힐 수 있도록 연계하였습니다.

이 교사용 지도서는 위와 같은 원칙하에 개발된《초등학생을 위한 표준 한국어》와《초등학생을 위한 표준 한국어 익힘책》을 교수·학습 상황에 효과적으로 연계하여 활용할 수 있도록 하였습니다. 한국어 교육 경험이 많지 않은 선생님도 이 지도서를 참고하여 교재 연구를 하면 수업 설계를 잘 할 수 있을 것입니다. 특히, 교수·학습의 절차와 교육 내용 등을 교사 언어와 함께 구체적으로 기술하여 수업을 설계하는 데 편의를 도모하고자 하였습니다.

이뿐만 아니라, 이 지도서는 교수·학습 내용에 대한 배경지식과 참고 정보를 풍부하게 제시하고 있으며, 교수 방안에 대한 아이디어 또한 다양하게 제시하고 있습니다. 이를 참고하면 초등학교 한국어 학습자의 특성을 고려한 교수·학습을 수행하는 데 도움이 될 수 있을 것입니다.

초등학교 한국어 교육 현장에 적합한 교육을 설계하고 구현하기 위하여 개발한 교사용 지도서는 많은 분들의 지원과 노력으로 완성되었습니다. 우선 새로운 방식의 지도서가 편찬될 수 있도록 지원을 아끼지 않은 교육부와 국립국어원 관계자 여러분께 깊이 감사드립니다. 그리고 고된 작업 일정과 어려운 여건 속에서도 진심과 열정으로 임해 주셨던 연구 집필진 선생님들께, 그리고 마리북스출판사에도 깊은 감사의 마음을 전합니다.

이 지도서가 선생님들이 한국어(KSL) 교수·학습을 운영하는 데 올바른 지침이 될 수 있기를 바랍니다. 이렇게 이루어진 한국어 수업을 통하여 초등학교 한국어 학습자들이 학교생활에 잘 적응할 뿐만 아니라, 교과 학습의 기초와 기반을 다질 수 있는 한국어 능력을 갖게 되길 희망합니다.

2020년 2월
저자 대표 이병규

일러두기

《초등학생을 위한 표준 한국어 의사소통 교사용 지도서》는 한국어(KSL) 교재의 교육 목표를 현장에 충분히 구현할 수 있도록 하는 데 목적을 두고 구성했다. 본 지도서의 특징은 다음과 같다.

교사 중심의 교사용 지도서

- 교육 절차와 교육 내용 등을 상세하고 구체적으로 기술하여 한국어(KSL) 교육 경험이 많지 않은 교사도 본 지도서를 참고하면 양질의 수업을 진행할 수 있도록 했다.
- 교사가 알고 있어야 하는 관련 지식과 다양한 활동을 기반으로 한 교수·학습 지침, 유의점 등을 상세하고 구체적으로 기술했다.
- 단원별로 수행 과제로 부과할 만한 교육 활동을 제공하거나 여건에 따라 익힘책 활동을 과제로 전환할 수 있도록 유도하여 교사들의 편의를 도모했다.
- 다양한 유형의 지도서 사용자들을 고려해 단계에 맞는 교사 언어를 제공했다.

다양한 교육 현장에서의 활용을 고려한 지도서

- 교재의 단원 구성 원리와 교수 절차에 맞춰 개발함으로써 실제 사용상의 효율성을 높였다.
- 단원별로 8~10차시를 적절한 교육 시수로 설정하였으나 교육 현장의 상황이나 여건에 맞춰 선택적 사용이 가능하도록 내용을 구성했다.
- 교재와 익힘책의 긴밀성을 확보하는 방향으로 지도서의 내용을 구성했다.

초등 학습자의 특성을 고려한 교수 방안

- 성인 학습자에 비해 경험의 폭이 한정되어 있고 학습 동기의 양상도 다른 초등 학습자를 배려한 교수·학습 방안을 개발했다.
- 교사로 하여금 《초등학생을 위한 표준 한국어》에 반영되어 있는 초등 학습자의 관심사와 학습 흥미를 이끌어 낼 수 있게 도와주고, 학습자가 간접 경험의 기회를 많이 가질 수 있도록 하는 데에 도움을 주는 장치를 다수 마련했다.

- 초등학생들이 경험하는 일상생활과 학교생활을 고려한 교수·학습 방안을 개발했다.
- 초등학생에게 필요한 학습 어휘와 학습 주제를 활용하는 방안을 제시하여 교사가 현장에서 바로 적용하여 사용할 수 있도록 했다.

수업 전반의 진행 방식 및 각 단계의 진행 방식의 구체적 방법을 제시하는 지도서

- '어휘 지식' 등과 같은 보충적 설명을 통해 교사가 사전에 숙지해야 할 내용을 제공하여 지도서가 교사 재교육에 일조할 수 있도록 했다.
- 각 활동을 설명하는 '교사 언어'를 제공하여 활동에 대한 교사와 학습자의 이해도를 높일 수 있도록 했다.

알아 두기

〈'알고 있나요?'와 '점검하기'에 대한 적절한 지도를 위해 알아 두어야 할 사항〉

- 교사는 학습자가 '알고 있나요?'를 통해 해당 권을 학습하기 전 스스로 한국어 실력을 확인해 볼 수 있도록 지도한다.
  - '알고 있나요?'에서 제시된 문제의 70% 이상을 이해하였을 때, 해당 교재를 학습하기 위한 최소한의 언어 능력이 있다고 판단할 수 있다.
- 교사는 학습자로 하여금 교재의 해당 권을 모두 학습한 후에 '점검하기'를 통해 종합적 연습을 할 수 있도록 지도한다.
  - '점검하기'에서 제시된 문제의 80% 이상을 이해하였을 때, 해당 교재의 내용을 충분히 학습하였다고 판단한다. 단 학생이나 현장의 특성에 따라 필수 차시만 학습하고 '점검하기'를 접하게 된 경우에 '점검하기' 문제를 80% 미만으로 이해하였다고 판단되면 해당 교재의 필수 차시를 복습하거나 선택 차시를 학습하도록 지도할 수 있다.

---

2 지도서의 단원 구성

《초등학생을 위한 표준 한국어 의사소통 교사용 지도서》의 단원은 다음과 같은 순서로 구성된다.

단원명 ⇨ 단원의 개관 ⇨ 차시 전개 과정
⇨ 단원 지도상의 유의점 ⇨ 차시별 교수·학습 방법 제시

지도서의 단원별 내용 구성

지도서의 내용 구성과 제시의 특징은 다음과 같다.

① 단원의 개관

• 단원의 학습 주제와 학습 활동, 학습 어휘와 문법에 대한 설명을 간략하게 제시했다.

• 단원의 학습 목표와 주제, 장면, 기능, 문법, 어휘, 문화, 담화 유형을 제시했다.

② 차시 전개 과정

• 필수 차시의 차시 제목, 성격, 학습 내용, 교재와 익힘책 쪽수 정보를 제시했다.

• 선택 차시의 차시 제목, 성격, 학습 내용, 교재와 익힘책 쪽수 정보를 제시했다.

③ 단원 지도상의 유의점

• 단원을 지도할 때 전반적으로 유의해야 할 점을 제시했다.

④ 차시별 교수·학습 방법 제시

• 수업 과정에 따라 차시별로 교수·학습 방법을 제공하여 교사의 지도 방향을 구체화했다.

• '주요 학습 내용'을 통해 목표 어휘와 문법 정보, 준비물을 제시했다.

• '어휘 지식' 항목을 설정하여 단원에서 학습해야 하는 목표 어휘와 관련된 전문 지식을 제시했다.

• '문법 지식' 항목을 설정하여 단원에서 학습해야 하는 목표 문법과 관련된 전문 지식을 제시했다.

• '교사 언어(❸)'를 제공하여 실제 수업에서 교사가 교육 내용을 어떻게 발화해야 하는지를 구체적으로 제시했다.

4 단계별 지도서 세부 사항

① 단원의 시작

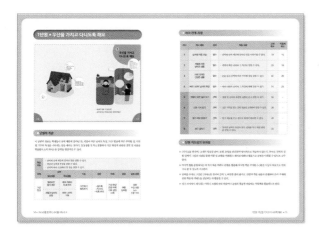

- 해당 단원의 학습 목표, 장면, 기능, 문법, 어휘, 문화, 담화 유형 등 전체 내용을 조망하고 확인할 수 있도록 구성했다.
- 해당 단원의 차시 전개 과정, 필수 학습, 선택 학습, 익힘책과의 연계성을 설명했다.
- 단원명, 단원의 개관, 차시 전개 과정, 단원 지도상의 유의점의 순으로 구성했다.

② 필수 차시(1~4차시)

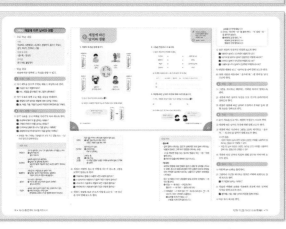

- 필수 차시는 2쪽으로 구성하고 '도입, 제시, 설명, 연습, 적용, 정리' 등 각 단계에 따른 지도 내용을 안내했다.
- 주요 학습 내용으로 '어휘, 문법 및 표현, 준비물'을 안내하고, 해당 차시의 학습 목표를 제시했다.
- 어휘 지식에서 '발음, 정의, 예문' 등을 제시했다(어휘에 따라 '정보' 항목은 선택적으로 제시할 수도 있다).
  - 발음: 발음이 표기와 다를 경우 한국어로 제시했다.
  - 정의: 한국어기초사전 및 표준국어대사전의 풀이를 참조하여 초등학생 수준에 적합하게 풀어썼다(다만 정의의 의미는 학생들에게 알려 주는 것이 아니라 교사에게 주는 정보이다).

- 예문: 해당 어휘 의미가 문맥에 잘 나타난 예문을 새롭게 제시했다.
- 문법 지식에서 '설명, 예문, 형태, 예시' 등을 제시했다.
  - 설명: 학습자 언어 등급에 맞는 용어와 문장을 통해 문법을 새롭게 설명했다(해당 문법의 모든 의미가 아닌 해당 단원에서 쓰인 문법의 의미만을 설명했다. 교재에 제시된 문법 설명과 동일한 설명은 되도록 지양했다).
  - 예문: 교재 예문과 중복되지 않은 예문으로 2~3개 더 추가했다.
  - 형태: 조건에 따라 이형태를 제시했다.
  - 예시: 이형태의 용례를 제시했다.

③ 선택 차시(5~8차시)

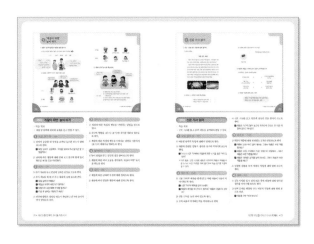

- 선택 차시는 1쪽으로 구성하고 '도입, 전개, 정리', '읽기 전, 읽기 중, 읽기 후', '쓰기 전, 쓰기 중, 쓰기 후', '대화 전, 대화 중, 대화 후' 등 해당 내용에 적합한 단계에 따라 지도 내용을 안내했다.
- 주제와 관련한 질문을 통해 학생들에게 주제를 추측할 수 있도록 도움을 줄 수 있는 교사 언어를 제시했다.
- 언어 학습과 함께 한국 문화를 익힐 수 있는 보충 내용을 소개했다.

차례

1단원 ● 우산을 가지고 다니도록 해요

• 날씨가 어떨 거 같아요?
• 날씨에 따라 주의할 점은 무엇이에요?

● 단원의 개관

이 단원의 목표는 학생들이 날씨 때문에 일어난 일, 계절에 따른 날씨의 특징, 기상 현상에 따른 주의할 점, 나라
별 기후의 특징을 나타내는 말을 배우는 것이다. 일상생활 및 학교생활에서 기상 현상과 관련된 장면 및 내용을
학습함으로써 의사소통 능력을 향상시킬 수 있다.

학습 목표	• 날씨와 날씨 때문에 일어난 일을 말할 수 있다. • 계절과 날씨의 특징을 말할 수 있다. • 날씨에 따라 조심해야 할 점을 말할 수 있다.						
주제	장면		기능	문법	어휘	문화	담화 유형
	일상생활	학교생활					
기상 현상	텔레비전 일기 예보	체육 대회와 미세 먼지	조언하기 확인하기	−을수록 −게 되다 −도록 하다	기상 현상 관련 어휘 기후 관련 어휘	여름 장마철	대화 수업 대화 뉴스 신문 기사
	계절과 날씨의 변화	여러 나라의 기후					

● 차시 전개 과정

차시	차시 제목	성격	학습 내용	교재 쪽수	익힘책 쪽수
1	날씨에 따른 모습	필수	• 날씨와 날씨 때문에 일어난 일을 이야기할 수 있다.	18	14
2	계절에 따른 날씨와 생활	필수	• 계절에 따른 날씨와 그 특징을 말할 수 있다.	20	18
3	미세 먼지와 건강한 생활	필수	• 글을 읽고 날씨에 따라 주의할 점을 말할 수 있다.	22	20
4	여러 나라의 날씨와 특징	필수	• 여러 나라의 날씨와 그 특징에 대해 말할 수 있다.	24	22
5	'계절이 되면' 놀이 하기	선택	• 계절 및 날씨와 관련한 표현을 듣고 말할 수 있다.	26	-
6	신문 기사 읽기	선택	• 신문 기사를 읽고 글의 내용을 요약하여 말할 수 있다.	28	-
7	일기 예보 말하기	선택	• 일기 예보를 쓰고 친구들 앞에서 발표할 수 있다.	30	-
8	생각 넓히기	선택	• 장마철 날씨의 특징과 장마 피해를 막기 위한 방법을 말할 수 있다.	32	-

● 단원 지도상의 유의점

◆ 〈의사소통 한국어〉 교재의 특성상 단어, 표현, 문법을 분리하여 명시적으로 학습하지 않는다. 주어진 장면과 상황 안에서 그림과 사진을 통해 어휘 및 표현을 이해하고 제시된 대화나 활동으로 문법을 이해할 수 있도록 교수한다.

◆ 마지막 활용 문항에서는 매 차시 배운 어휘나 문법을 활용해 차시별 학습 주제를 2~3문장 이상의 복문으로 말하거나 쓸 수 있도록 지도한다.

◆ 날씨를 주제로 구성된 〈의사소통 한국어 2〉의 '4. 따뜻한 봄이 좋아요' 단원의 학습 내용과 연계하여 유사 주제에 관한 학습자 이해도를 진단하는 데 활용할 수 있다.

◆ 필수 차시에서 제시되는 어휘나 표현의 반복 연습이나 문법의 활용형 연습에는 익힘책을 활용하도록 한다.

1차시 날씨에 따른 모습

· **주요 학습 내용**

> **어휘**
> 태풍, 소나기, 끼다, 장마가 지다, 무지개, 뜨다, 덮이다,
> 비바람, 넘치다
>
> **준비물**
> 듣기 자료

· **학습 목표**
· 날씨와 날씨 때문에 일어난 일을 이야기할 수 있다.

1 도입 – 3분

1) 단원 도입 그림을 보고 간단한 설명과 질문을 한다.
> 전 요우타가 방금 잠에서 깼어요.
> 전 요우타가 일어나서 무엇을 하고 있어요?

2) 도입 질문을 한다.
> 전 날씨가 어떨 거 같아요?
> 전 날씨에 따라 주의할 점은 무엇이에요?

3) 이번 단원을 배우면 여러 가지 날씨의 특징과 날씨 때문에 일어나는 일을 말할 수 있다고 설명한다.

4) 1번 그림을 보면서 단원 도입과 연계하여 질문한다.
> 전 무슨 그림이에요? 무슨 날씨예요?

5) 차시 목표와 함께 오늘 배울 내용을 안내한다.
> 전 날씨에 따른 여러 모습에 대해 공부할 거예요.
> 전 날씨를 나타내는 말을 배우고 날씨 때문에 일어난 일을 말해 볼 거예요.

2 제시, 설명 – 15분

1) 일기 예보 화면에 나타난 날씨 사진을 제시하며 질문을 통해 어휘를 학습한다.
> 전 (장마가 지다) 비가 계속 내리면 어떨 것 같아요? 무엇이 져요? 날씨가 어때요?
> 전 (눈이 내리다) 무엇이 내려요? 날씨가 어때요?
> 전 (소나기가 내리다) 무엇이 내려요? 날씨가 어때요?
> 전 (태풍이 오다) 무엇이 와요? 날씨가 어때요?
> 전 (구름이 끼다) 무엇이 껴요? 날씨가 어때요?

2) 듣기 자료를 듣고 어휘를 가리키며 따라서 말하도록 한다.

3) 듣기 자료를 다시 듣고 빈칸에 알맞은 말을 쓰도록 한다.
> 전 무엇이 와요?/내려요?/져요?/껴요? 따라서 말해 보세요.

> ※ 유의점
> - 제시 어휘는 기본형으로 보여 주고 말할 때는 '-어/아요'형으로 답하게 한다.
> - 교실 앞 화면에 교재 그림 또는 참고 사진들을 띄워 놓음으로써 개별 어휘에 집중하도록 할 수 있다.

1 날씨에 따른 모습

1. 날씨를 나타내는 말입니다. 그림을 보고 말해 봅시다.

1) 날씨가 어때요? 듣고 가리켜 보세요. 그리고 써 보세요. 1

 　　　가 내리다

 　　　이 오다

 구름이 끼다

 눈이 내리다

가 지다

2) 그림을 가리키며 아래와 같이 친구와 이야기해 보세요.

 날씨가 어때요?

 소나기가 내렸어요.

어휘 지식

소나기	갑자기 세게 내리다가 곧 그치는 비. 예 소나기가 메마른 들판을 적셔 주었다. 친구가 소나기를 같이 피하자며 나에게 우산을 내밀었다.
끼다	구름이나 안개, 연기 등이 퍼져서 엉기다. 예 비가 오려는지 하늘에 먹구름이 잔뜩 끼었다. 밤하늘에 구름이 많이 끼어서 보름달이 잘 보이지 않는다.
장마	여름철에 여러 날 계속해서 비가 오는 현상이나 날씨. 또는 그 비. 예 계속되는 장마에 비 피해가 커지고 있다. 지루한 장마가 그친 후 무더위가 시작되었다.
무지개	비가 그쳤을 때, 해의 반대쪽 하늘에 반원 모양으로 나타나는 일곱 가지 색깔의 빛줄기. 예 무지개가 뜨다. 일곱 빛깔 무지개.
덮이다 [더피다]	원래의 것이 보이지 않을 정도로 무언가가 골고루 깔리다. 예 하늘이 구름으로 덮이다. 눈이 덮이다.
넘치다	가득 차서 밖으로 흘러나오다. 예 국물이 넘치다. 냇물이 넘치다.

태풍, 소나기, 끼다,
장마가 지다, 무지개, 뜨다,
덮이다, 비바람, 넘치다

2. 날씨 때문에 일어날 일입니다. 말해 봅시다.

길이 눈으로 덮이다   비바람이 불다

하늘이 흐리다   강물이 넘치다   무지개가 뜨다

소나기가 내렸어요.
그래서 무지개가 떴어요.

1) 무슨 일이 일어났어요? 듣고 가리키고 따라 하세요. 🎧2

2) 날씨 때문에 일어난 일을 〈보기〉와 같이 말해 보세요.

> 〈보기〉 소나기가 내렸어요. 그래서 무지개가 떴어요.
>
> ① 장마가 지다/강물이 넘치다   ② 구름이 끼다/하늘이 흐리다
> ③ 눈이 내리다/길이 눈으로 덮이다   ④ 태풍이 오다/비바람이 불다

3. 그림을 가리키며 〈보기〉와 같이 이야기해 봅시다.

> 〈보기〉
> 리암: 오늘 날씨가 어때요?
> 아이다: 오늘은 소나기가 내렸어요.
> 리암: 소나기가 내려서 어땠어요?
> 아이다: 소나기가 내려서 무지개가 떴어요.
>
> ①
> ②

1. 우산을 가지고 다니도록 해요 • 19

19

4) 대화문을 읽어 보도록 한다.

5) 그림을 가리키며 친구와 이야기하도록 한다.

> ※ 다른 활동: 날씨 주제에 관한 연습이 더 필요한 경우 2권에서 학습한 날씨 낱말 카드를 활용하여 서로 질문하고 대답하는 활동으로 신행할 수 있다.

6) 날씨 때문에 일어난 일의 그림을 제시하며 질문을 통해 어휘를 학습하게 한다.

- 🔵 (무지개가 뜨다) 무엇이 떴어요? 무슨 일이 일어났어요?
- 🔵 (길이 눈으로 덮이다) 길이 눈으로 어떻게 되었어요? 무슨 일이 일어났어요?
- 🔵 (비바람이 불다) 무엇이 불었어요? 무슨 일이 일어났어요?
- 🔵 (하늘이 흐리다) 하늘이 어떻게 되었어요? 무슨 일이 일어났어요?
- 🔵 (강물이 넘치다) 강물이 어떻게 되었어요? 무슨 일이 일어났어요?

7) 듣기 자료를 듣고 어휘를 가리키며 따라 하게 한다.

8) '소나기가 내리다'의 사진과 '무지개가 뜨다'의 그림을 확인한다.

9) 날씨 때문에 일어난 일을 말하도록 한다.

- 🔵 소나기가 내리고 나서 어떻게 되었어요?

3 연습 – 8분

1) '날씨' 및 '날씨 때문에 일어난 일'의 사진과 그림을 제시하고 질문한다.

- 🔵 (날씨 사진을 제시하고) 날씨가 어때요?
- 🔵 (날씨 때문에 일어난 일을 제시하고) 무슨 일이 일어났어요?

2) 어휘를 가리키며 친구와 이야기하도록 한다.

3) 날씨와 날씨 때문에 일어날 일을 '으로 인해'를 넣어 말하도록 한다.

- 🔵 소나기가 내린다고 해요. 무슨 일이 일어났어요?
- 🔵 태풍이 온다고 해요. 무슨 일이 일어났어요?
- 🔵 구름이 낀다고 해요. 무슨 일이 일어났어요?
- 🔵 장마가 진다고 해요. 무슨 일이 일어났어요?
- 🔵 눈이 내린다고 해요. 무슨 일이 일어났어요?

4) 날씨와 날씨 때문에 일어난 일을 친구와 이야기하도록 한다.

4 적용 – 12분

1) 일기 예보를 읽고 날씨와 날씨로 인해 일어날 일을 확인한다.

- 🔵 내일 날씨가 어때요? 무슨 일이 일어났어요?

2) 사진과 그림을 가리키며 날씨를 말하도록 한다.

3) 일기 예보를 보고 친구와 날씨를 이야기하도록 한다.

> ※ 다른 활동
> - 학생의 수준에 따라 인터넷 뉴스의 일기 예보 영상을 보거나 듣고 날씨를 확인해 보는 활동으로 진행할 수 있다.
> - 2권 날씨 관련 단원의 날씨 기호를 도입하여 날씨를 기호로 나타내 보고 또 말해 보는 활동으로 진행할 수 있다.

4) 날씨와 날씨 때문에 일어난 일을 친구와 이야기하도록 한나.

5 정리 – 2분

1) 익힘책 14~17쪽을 풀게 한다.

2) 그림이나 사진을 제시하고 알맞은 어휘와 표현으로 말해 보도록 한다.

- 🔵 무슨 날씨예요?
- 🔵 날씨 때문에 어떻게 되었어요?

3) 학습한 어휘와 표현을 사용해서 오늘 날씨를 말해 보도록 한다.

- 🔵 밖을 보세요. 오늘 날씨가 어때요? 아침에는 어땠어요?

4) 다음 차시 예고를 한다.

· 주요 학습 내용

> **어휘**
> 더워지다, 시원해지다, 포근하다, 쌀쌀하다, 졸리다, 무덥다,
> 감기, 지치다, 건조하다, 산불
>
> **문법 및 표현**
> -을수록, -게 되다
>
> **준비물**
> 듣기 자료, 붙임 딱지

· 학습 목표

· 계절에 따른 날씨와 그 특징을 말할 수 있다.

1 도입 - 3분

1) 차시 제목을 읽으며 무엇을 배울지 예상하도록 한다.

> 신 지금은 무슨 계절이에요?
>
> 신 어느 계절을 좋아해요? 왜 그렇게 생각해요?

2) 차시 목표와 함께 오늘 배울 내용을 안내한다.

> 신 계절에 따른 날씨와 생활에 대해 공부할 거예요.
>
> 신 봄, 여름, 가을, 겨울의 날씨와 특징에 대해 말해 볼 거예요.

2 제시, 설명 - 18분

1) 듣기 자료를 듣고 어휘를 가리키며 따라 하도록 한다.

> 신 (포근하다/졸리다) 봄 날씨는 어때요?
>
> 신 (무덥다/지치다) 여름 날씨는 어때요?
>
> 신 (건조하다/산불이 잘 나다) 가을 날씨는 어때요?
>
> 신 (쌀쌀하다/감기에 잘 걸리다) 겨울 날씨는 어때요?

※ 유의점: 제시 어휘는 기본형으로 보여 주고 말할 때는 '-어/
아요'형으로 답하게 한다.

어휘 지식	
더워지다	온도가 올라가다. 또는 그로 인해 더위나 뜨거움을 느끼다. 예 날이 더워지다. 몸이 더워지다.
포근하다	날씨가 바람이 없고 따뜻하다. 예 날씨가 봄 날씨처럼 포근하다. 요즘 한겨울에 어울리지 않은 포근한 날씨가 계속되고 있다.
쌀쌀하다	조금 춥게 느껴질 정도로 날씨가 차다. 예 낮에는 덥지만 아침저녁으로는 쌀쌀하다. 가을이 오려는지 바람이 꽤 쌀쌀했다.
졸리다	자고 싶은 느낌이 들다. 예 지수는 졸린 눈을 비비며 열심히 공부했다. 졸리고 피곤하다.
무덥다	습도와 온도가 높아서 날씨가 찌는 듯하게 아주 덥다. 예 바람 한 점 없는 무더운 날씨. 한여름에는 밤에도 무더운 열대야 현상이 나타난다.

---

② 계절에 따른 날씨와 생활

1. 계절의 특징을 말해 봅시다.

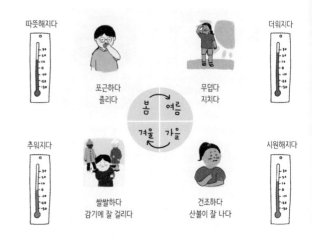

1) 듣고 가리키고 따라 하세요. 🔊 3

2) 계절이 바뀌면 어떻게 되는지 아래와 같이 말해 보세요.

> 봄에서 여름이 되면
> 더워지게 돼요.

지치다	힘든 일을 하거나 어떤 일에 시달려서 힘이 없다. 예 밀린 일을 하느라 너무 지치다. 요즘은 조금만 일을 해도 지쳐.
건조하다	말라서 습기가 없다. 예 건조한 바람. 피부가 건조하다.
산불 [산뿔]	산에 난 불. 예 산불 조심. 이 지역은 엄청난 산불로 주택과 농지까지 불타 큰 피해 를 입었다.

2) 계절이 바뀌면 온도가 어떻게 되는지 온도계 그림을
보면서 말하도록 한다.

> 신 (더워지다) 봄에서 여름이 되면 어떻게 될까요?
>
> 신 (시원해지다) 여름에서 가을이 되면 어떻게 될까요?
>
> 신 (추워지다) 가을에서 겨울이 되면 어떻게 될까요?
>
> 신 (따뜻해지다) 겨울에서 봄이 되면 어떻게 될까요?

3) 계절이 바뀜에 따라 온도가 어떻게 되는지 '-게 되다'
를 넣어 말해 보도록 한다.

더워지다, 시원해지다, 포근하다, 쌀쌀하다, 졸리다, 무덥다, 감기, 지치다, 건조하다, 산불

-을수록, -게 되다

2. 그림을 연결하고 써 봅시다.

1) 같은 계절끼리 연결해 보세요.

포근하다 ●	● 산불이 잘 나다
쌀쌀하다 ●	● 졸리다
무덥다 ●	● 감기에 잘 걸리다
건조하다 ●	● 지치다

2) 연결한 내용을 보고 〈보기〉와 같이 써 보세요.

〈보기〉 포근하다 + 졸리다 ➡ 포근해질수록 졸리게 돼요.

① _____

② _____

3. 계절에 따른 날씨와 특징에 대해 이야기해 봅시다.

1) 어느 계절의 특징이에요? 듣고 계절을 써 보세요. 🔊4

① [   ]   ② [   ]   ③ [   ]

2) 아래와 같이 친구와 이야기해 보세요.

봄에서 여름으로 갈수록 무더워져.

맞아. 무더울수록 지치게 돼.

1. 우산을 가지고 다니도록 해요 • 21

21

문법 지식

-을수록
· 앞의 말이 나타내는 정도가 심해지면 뒤의 말이 나타내는 내용의 정보도 그에 따라 변함을 나타내는 표현
· 'ㄹ'을 제외한 받침 있는 동사와 형용사 또는 '-었-' 뒤에 붙여 쓴다.
　예 재산이 많을수록 행복한 것은 아니다.

-게 되다
· 외부의 영향에 의해 변화된 결과나 상황 및 상태를 나타내는 표현. 동사나 형용사에 붙어 어떤 상황이 외부의 영향을 받아 어떠한 결과에 이르거나 상황이나 상태가 변화함을 나타낸다.
· 동사 및 형용사 어간 끝음절의 받침 유무와 관계없이 '-게 되다'를 쓴다.
　예 무덥-＋-게 되다 → 무덥게 되다
　　 올라가-＋-게 되다 → 올라가게 되다
· ① 부정문은 '-기 되지 않다, 안 -게 되다'로 쓴다. '안 -게 되다'는 주로 구어에서 사용한다.
　예 공부를 하게 안 돼요.(×)
　　 쇼핑을 하게 되지 않아요.(○)

　　 쇼핑을 안 하게 돼요.(○)
② 과거는 '되다'에 '-었-'을 붙여 쓴다. '-게' 앞에 '-었-'을 붙이지 않는다.
예 병원에 갔게 돼요.(×)
　 병원에 갔게 됐어요.(×)
　 병원에 가게 됐어요.(○)

4) 같은 계절의 특징끼리 연결해 보도록 한다.
　🔵 (졸리다) 날씨가 포근하면 어떻게 되나요?
　🔵 (감기에 잘 걸리다) 날씨가 쌀쌀하면 어떻게 되나요?
　🔵 (지치다) 날씨가 무더우면 어떻게 되나요?
　🔵 (산불이 잘 나다) 날씨가 건조하면 어떻게 되나요?

5) 연결한 내용을 보고 '-을수록'을 넣어 말해 보도록 한다.

6) 말한 내용을 떠올리며 '-을수록'과 '-게 되다'를 넣어 쓰도록 한다.

3 연습 - 5분

1) 그림을 제시하고 해당하는 어휘를 따라서 말하도록 한다.

2) 계절에 따른 날씨의 특징을 모둠 친구와 돌아가면서 말하도록 한다.

3) 계절의 변화에 따른 날씨의 특징이나 옷차림 등의 생활 모습을 말하도록 한다.

4 적용 - 12분

1) 듣기 자료를 듣고 어느 계절의 특징인지 쓰도록 한다.

2) 계절에 따른 날씨의 특징에 대해 말해 보도록 한다.

3) 계절에 따른 사진이나 그림을 2장씩 제시하고 '-을수록', '-게 되다'를 넣어서 말해 보도록 한다.

　※ 다른 활동
　- 2권의 계절과 날씨 관련 표현과 관련한 어휘를 사용하여 말해 보는 활동으로 진행할 수 있다.
　- 계절 및 날씨 표현과 관련한 옷차림 관련 어휘를 사용하여 말해 보는 활동으로 진행할 수 있다.

4) 계절에 따른 날씨의 특징에 대해 친구와 이야기해 보도록 한다.

5 정리 - 2분

1) 익힘책 18~19쪽을 풀게 한다.

2) 그림이나 사진을 제시하고 알맞은 어휘와 표현으로 말해 보도록 한다.
　🔵 이 계절의 날씨는 어때요?

3) 학습한 어휘와 표현을 사용해서 계절에 따른 날씨와 특징을 말해 보도록 한다.
　🔵 봄(여름, 가을, 겨울) 날씨의 특징을 말해 보세요.

4) 다음 차시 예고를 한다.

· **주요 학습 내용**

> 어휘
> 미세 먼지, 행동하다, 건강, 실내, 지내다, 마스크, 소중하다
>
> 문법 및 표현
> -도록 하다

· **학습 목표**
· 글을 읽고 날씨에 따라 주의할 점을 말할 수 있다.

1 도입 – 3분

1) 차시 제목을 읽으며 무엇을 배울지 예상하도록 한다.
   - 🔲 무엇에 대해 공부할 것 같아요?
   - 🔲 미세 먼지에 대해 들어 본 적 있나요?

2) 차시 목표와 함께 오늘 배울 내용을 안내한다.
   - 🔲 미세 먼지에 관한 신문 기사를 읽어 볼 거예요.
   - 🔲 미세 먼지와 같이 날씨에 따라 조심해야 할 점에 대해 공부할 거예요.

2 제시, 설명 – 18분

1) 읽기 자료를 다양한 방법으로 읽도록 한다.
   - 🔲 신문 기사의 제목은 무엇인지 읽어 보세요.
   - 🔲 큰 목소리로 신문 기사를 읽어 보세요.
   - 🔲 친구와 번갈아 가며 한 문장씩 읽어 보세요.

2) 읽기 자료의 내용을 확인하는 질문에 답하도록 한다.
   - 🔲 무슨 문제가 심각해요?
   - 🔲 미세 먼지는 무엇이에요?
   - 🔲 미세 먼지를 마시면 어떤 일이 생겨요?

어휘 지식	
행동하다	몸을 움직여 어떤 일이나 동작을 하다. 📖 성급하게 행동하다. 지수가 저렇게 버릇없이 행동하는 걸 보면 정이 떨어지더라.
건강	몸이나 정신이 이상이 없이 튼튼한 상태. 📖 건강 문제. 의사는 일 년에 한 번씩은 꼭 건강 검진을 받으라고 했다.
실내 [실래]	방이나 건물 등의 안. 📖 실내에서 조용히 합시다. 여름철 실내 온도를 적절하게 유지해 주세요.
지내다	어떠한 정도나 상태로 생활하거나 살아가다. 📖 공부하며 지내다. 그동안 어떻게 지냈습니까?
마스크	병균이나 먼지 따위를 막기 위하여 입과 코를 가리는 물건. 📖 그는 감기를 옮기지 않으려고 마스크를 썼다. 정부는 유행성 독감에 걸린 환자에게 마스크를 사용해 줄 것을 당부했습니다.

---

3 미세 먼지와 건강한 생활

1. 신문 기사를 읽고 질문에 답해 봅시다.

콜록콜록 미세 먼지, 이렇게 행동해요

미세 먼지가 점점 심해지고 있어요. 미세 먼지는 크기가 매우 작은 먼지예요. 미세 먼지를 많이 마시면 건강이 나빠질 수 있어요.

미세 먼지가 심해지면 이렇게 행동해요. 첫째, 바깥보다는 실내에서 지내요. 둘째, 집이나 교실의 창문을 닫아요. 셋째, 밖으로 나갈 때에는 꼭 마스크를 쓰도록 해요. 넷째, 밖으로 나갔다가 돌아오면 깨끗하게 씻도록 해요.

이 네 가지 방법을 잘 기억하고 꼭 지키도록 해요. 우리 몸은 소중하니까요.

1) 미세 먼지는 무엇인지 찾아 써 보세요.

   미세 먼지는 _____

2) 미세 먼지를 마시면 어떤 일이 생기는지 말해 보세요.

22

소중하다	매우 귀중하다. 📖 소중한 생명. 그녀에게 아들은 목숨과도 바꿀 수 없는 소중한 자식이다.

3) 미세 먼지가 심해지면 어떻게 행동하는지 글에서 찾아 읽도록 한다.

4) 어울리는 말을 찾아 연결해 보도록 한다.
   - 🔲 신문 기사를 다시 읽어 보세요.
   - 🔲 실내에서는 어떻게 하나요?
   - 🔲 마스크는 어떻게 하나요?
   - 🔲 깨끗하게 어떻게 하나요?
   - 🔲 창문은 어떻게 하나요?

5) 연결한 문장을 큰 소리로 읽도록 한다.

6) 미세 먼지가 심할 때에 주의할 점을 '-도록 하다'를 넣어 써 보도록 한다.

미세 먼지, 행동하다, 건강,
실내, 지내다, 마스크,
소중하다

-도록 하다

2. 미세 먼지에 따른 대처 방안을 말해 봅시다.

1) 어울리는 말을 찾아 연결해 보세요.

실내에서 ●	● 닫다
마스크를 ●	● 지내다
깨끗하게 ●	● 씻다
창문을 ●	● 쓰다

2) 〈보기〉와 같이 주의할 점을 말해 봅시다.

〈보기〉

실내에서 지내도록 해요.

3. 날씨에 따라 조심해야 할 점을 친구와 이야기해 봅시다.

장마가 지면 무엇을
조심해야 할까?

갑자기 비가 내릴 수 있어.
우산을 가지고 다니도록 해.

1. 우산을 가지고 다니도록 해요 • 23

23

문법 지식

-도록 하다

· 다른 사람에게 어떤 일을 하게 하거나 시킴을 나타낸다.
  예 (쓰-+-도록 → 쓰도록) 공부한 내용을 공책에 쓰도록 해요.
  (닫-+-도록 → 닫도록) 교실에 들어올 때에는 문을 꼭 닫
  도록 해요.

3 연습 – 5분

1) 어휘나 표현을 그림과 함께 제시하고 따라 말하도록
   한다.

   ※ 유의점: 제시 어휘는 기본형으로 보여 주고 말할 때는 '-어/
   아요'형으로 답하게 한다.

2) 그림만 제시하고 해당하는 어휘와 표현을 말하도록 한다.

3) 어휘나 표현을 그림을 함께 제시하고 '-도록 하다'를
   넣어 말하도록 한다.

---

4 적용 – 12분

1) 계절에 따른 날씨의 특징을 떠올려 말하도록 한다.
   선 여름(봄, 가을, 겨울) 날씨는 무슨 특징이 있어요?

2) 날씨에 따라 조심해야 할 점을 이야기하도록 한다.
   선 여름(봄, 가을, 겨울) 날씨에는 무엇을 조심해야 해요?

3) 2차시 학습 내용을 떠올리며 날씨에 따라 조심해야 할 점
   을 '-도록 하다'를 넣어 말하도록 한다.
   선 봄 날씨는 포근해요. 봄 날씨에는 무엇을 조심해요?
   선 여름 날씨는 무더워요. 여름 날씨에는 무엇을 조심해요?
   선 가을 날씨는 건조해요. 가을 날씨에는 무엇을 조심해요?
   선 겨울 날씨는 쌀쌀해요. 겨울 날씨에는 무엇을 조심해요?

5 정리 – 2분

1) 익힘책 20쪽을 풀게 한다.
   선 1번 활동의 그림이 나타내는 알맞은 낱말을 완성해 보세요.
   선 2번 활동의 빈칸에 알맞은 낱말을 쓰고 그림과 연결해 보
   세요.

2) 익힘책 21쪽을 풀게 한다.
   선 3번 활동에서 '깨끗하게 씻다'를 '깨끗하게 씻도록 해요'
   로 쓴 것처럼 낱말을 '-도록 하다'를 넣어 고쳐 보세요.
   선 4번 활동에서 가을 날씨의 특징을 떠올리고 가을 날씨에
   조심해야 할 점을 써 보세요.

3) 읽기 자료를 다시 읽고 물음에 답하도록 한다.
   선 미세 먼지는 무엇이에요?
   선 미세 먼지로부터 우리 몸을 지키려면 어떻게 해야 해요?

4) 학습한 어휘와 문법을 사용해서 날씨에 따라 조심해야
   할 점을 말해 보도록 한다.
   선 봄(여름, 가을, 겨울) 날씨에 조심해야 할 점을 말해 보세요.
   선 날씨에 따라 조심해야 할 점을 '-도록 하다'를 넣어 말해
   보세요.

5) 다음 차시 예고를 한다.

· 주요 학습 내용

어휘
사막, 사계절, 뚜렷하다, 내내, 밀림, 습하다
준비물
지구본(또는 세계 지도)

· 학습 목표
• 여러 나라의 날씨와 그 특징에 대해 말할 수 있다.

1 도입 – 3분

1) 1번 그림을 보면서 단원 도입과 연계하여 질문한다.
   〈신〉 무슨 그림이에요?
   〈신〉 한국은 어디에 있어요? 여러분이 알고 있는 나라를 가리키고 이름을 말해 보세요.

2) 차시 목표와 함께 오늘 배울 내용을 안내한다.
   〈신〉 여러 나라의 날씨와 특징에 대해 공부해 볼 거예요.

2 제시, 설명 – 15분

1) 세계 지도에 색으로 구분된 기후대를 보며 날씨에 관한 어휘를 말하도록 한다.
   〈신〉 세계 지도가 몇 가지 색으로 나뉘어 있어요?
   〈신〉 친구들이 말하는 날씨의 특징을 읽어 보세요.

어휘 지식	
사막	비가 아주 적게 내려서 동식물이 거의 살지 않고 모래로 뒤덮인 땅. 예 모래만 끝없이 펼쳐져 있는 사막에서 그가 발견한 생명체라고는 아무것도 없었다. 사막의 모래.
사계절	봄, 여름, 가을, 겨울의 네 계절. 예 사계절이 뚜렷한 나라. 우리나라의 사계절은 봄과 가을이 상대적으로 짧고 여름과 겨울은 길다.
뚜렷하다	엉클어지거나 흐리지 않고 분명하다. 예 뚜렷하게 기억하다. 뚜렷하게 보이다.
내내	처음부터 끝까지 계속해서. 예 장마철이라 오후 내내 장대비가 주룩주룩 내린다. 지수는 겨울 내내 감기가 떨어지지 않아서 연신 콜록거렸다.
밀림	큰 나무들이 빽빽하게 들어선 깊은 숲. 예 울창한 밀림. 아프리카 밀림에는 많은 야생 동물들이 산다.
습하다	메마르지 않고 물기가 많아 축축하다. 예 습한 장마철. 사흘 동안 비가 오더니 너무 습해서 빨래가 잘 안 말랐다.

---

4 여러 나라의 날씨와 특징

1. 여러 나라의 날씨와 그 특징을 보면서 말해 봅시다.

1) 날씨와 특징이 어때요? 가리키고 말해 보세요.

2) 아래와 같이 날씨를 묻고 답해 보세요.

이 나라는 날씨가 어때?

여기는 일 년 내내 추워.

24

2) 기후에 따른 날씨의 특징에 대해 말하도록 한다.
   〈신〉 (일 년 내내 춥다/나무가 자랄 수 없다) 성우는 어디에 있어요? 성우가 있는 곳의 날씨는 어때요?
   〈신〉 (겨울이 길고 여름이 짧다) 지민이는 어디에 있어요? 지민이가 있는 곳의 날씨는 어때요?
   〈신〉 (사계절이 뚜렷하다) 요우타는 어디에 있어요? 요우타가 있는 곳의 날씨는 어때요?
   〈신〉 (비가 조금만 내린다/사막이 많다) 아이다는 어디에 있어요? 아이다가 있는 곳의 날씨는 어때요?
   〈신〉 (일년 내내 무덥고 습하다/밀림이 많다) 아비가일은 어디에 있어요? 아비가일이 있는 곳의 날씨는 어때요?

   ※ 유의점: 등장인물이 있는 곳의 나라 이름에 대해 알아보는 활동은 저학년 수준에 적합하지 않다. 지도 위에 색으로 묶인 나라들의 날씨의 특징을 나타내는 어휘에 집중하도록 진행한다.

3) 지도를 보며 기후와 날씨에 대해 친구와 이야기하도록 한다.

사막, 사계절, 뚜렷하다,
내내, 밀림, 습하다

2. 날씨와 그 특징을 연결하여 말해 봅시다.

1) 관계있는 것끼리 연결해 보세요.

비가 조금만 내린다	● ●	사막이 많다
일 년 내내 춥다	● ●	밀림이 많다
일 년 내내 무덥고 습하다	● ●	나무가 자랄 수 없다

2) 연결한 내용을 보고 아래와 같이 말해 보세요.

어떤 나라는 비가
조금만 내려요.

비가 조금만 내리면
사막이 많아지게 돼요.

3. 나라를 가리키고 날씨의 특징에 대해 말해 봅시다.

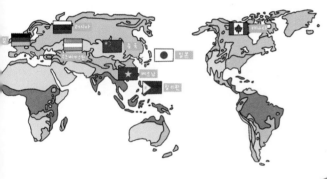

1. 우산을 가지고 다니도록 해요 • 25

25

③ 연습 – 8분

1) 그림과 사진을 보며 기후의 특징을 나타내는 말을 해 보도록 한다.

선 그림 속 친구들의 옷차림을 보고 날씨의 특징을 말해 보세요.

2) 날씨의 특징을 읽고 어느 기후에 해당하는지 연결하도록 한다.

선 날씨의 특징을 읽고 관계있는 것끼리 연결해 보세요.

3) 연결한 내용을 보고 기후와 그 특징에 대해 말해 보도록 한다.

선 연결한 내용을 보고 그 나라의 날씨와 특징에 대해 친구와 말해 보세요.

※ 유의점: 교실 앞 화면에 기후의 특징을 나타내는 참고 사진이나 영상을 띄워 놓는다. 사진이나 영상을 관찰하고 또 그 특징을 말해 봄으로써 날씨와 관련한 다양한 표현을 익힌다.

④ 적용 – 12분

1) 3번 지도 위에 깃발이 놓인 나라를 같은 색끼리 묶어 보도록 한다.

선 캐나다와 러시아의 날씨의 특징은 어때요?

2) 깃발이 놓인 나라의 이름과 기후의 특징에 대해 말하도록 한다.

선 (일 년 내내 무덥고 습해요.) 필리핀과 베트남 날씨의 특징은 어때요?

선 (비가 매우 적게 내려요.) 우즈베키스탄 날씨의 특징은 어때요?

선 (사계절이 뚜렷해요.) 독일과 일본, 중국 날씨의 특징은 어때요?

선 (겨울이 길고 여름이 짧아요.) 캐나다와 러시아 날씨의 특징은 어때요?

※ 다른 활동
- 지구본이나 세계 지도를 펼치고 가리키는 지역의 기후의 특징을 말해 보는 활동으로 진행할 수 있다.
- 학생의 수준에 따라 기후 어휘와 비슷한 계절의 특징을 함께 엮어서 말해 보는 활동으로 진행할 수 있다.
- 2권의 계절에 따른 놀이를 떠올리며 나라별 기후에 따라 할 수 있는 놀이에 대해 이야기하는 활동으로 진행할 수 있다.

⑤ 정리 – 2분

1) 익힘책 22쪽을 풀게 한다.

선 1번 활동의 날씨의 특징을 나타내는 말들을 큰 소리로 읽어 보세요.

선 1번 활동의 친구들이 입은 옷을 보고 알맞은 날씨의 특징을 써 보세요.

2) 익힘책 23쪽을 풀게 한다.

선 2번 활동의 그림을 보고 무슨 나라들이 있는지 말해 보세요.

선 빈칸에 알맞은 날씨의 특징을 써 보세요.

3) 그림이나 사진을 제시하고 알맞은 어휘와 표현으로 말해 보도록 한다.

선 이곳 날씨의 특징은 무엇이에요?

4) 학습한 어휘를 사용해서 나, 가족, 친구의 나라별 기후에 대해 말해 보도록 한다.

선 한국 날씨의 특징은 무엇이에요?

선 부모님 나라 날씨의 특징은 어떨 것 같아요?

5) 다음 차시 예고를 한다.

5차시 '계절이 되면' 놀이 하기

· **학습 목표**
· 계절 및 날씨와 관련한 표현을 듣고 말할 수 있다.

1 도입, 듣기 전 – 3분

1) 날씨가 궁금할 때 무엇을 보거나 들으면 되는지 말해 보도록 한다.

　선 내일 날씨가 궁금해요. 무엇을 찾아보거나 들으면 알 수 있을까요?

2) 날씨에 따른 행동에 대해 말해 보고 친구와 함께 놀이 활동을 해 볼 것을 안내한다.

2 듣기 – 5분

1) 듣기 자료를 듣고 빈칸에 알맞은 낱말을 쓰도록 한다.

2) 듣기 자료를 한 번 더 듣고 물음에 답해 보도록 한다.

　선 내일 날씨가 어때요?
　선 내일은 무엇이 내린다고 했어요?
　선 바깥으로 나갈 때에 무엇을 챙겨요?
　선 다음 주 날씨는 어떻다고 해요?

3) 빈칸에 알맞은 낱말을 썼는지 확인하고 친구와 돌아가면서 말하도록 한다.

3 말하기 – 15분

1) 계절에 따른 특징과 행동을 나타내는 낱말을 읽도록 한다.

2) 친구와 역할을 나누어 〈보기〉에 제시된 대화를 말하도록 한다.

3) 계절에 따른 특징과 행동을 나타내는 낱말을 사용하여 〈보기〉의 대화처럼 말하도록 한다.

4 놀이하기 – 15분

1) 놀이 방법을 읽고 궁금한 점은 물어보도록 한다.

2) 계절에 따른 여러 모습을 생각하며 '계절이 되면' 놀이를 하도록 한다.

5 정리 – 2분

1) 계절에 따른 날씨의 특징에 대해 말하도록 한다.

2) 계절에 따라 알맞은 행동에 대해 말하도록 한다.

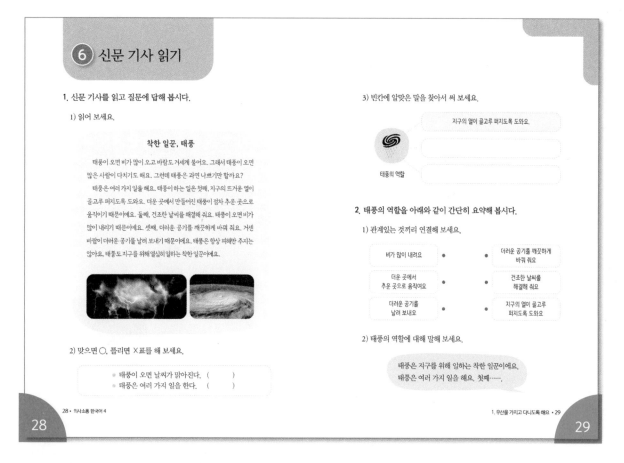

6차시 신문 기사 읽기

· **학습 목표**
· 신문 기사를 읽고 글의 내용을 요약하여 말할 수 있다.

1 도입, 읽기 전 – 5분

1) 여름철 날씨의 특징에 대해서 말하도록 한다.

2) 태풍과 관련된 경험과 생각을 친구와 이야기해 보도록 한다.

> 📣 뉴스나 신문 기사에서 태풍에 관한 소식을 들은 적이 있나요?

※ 다른 활동: 신문 기사의 내용과 관련하여 태풍의 피해를 다룬 뉴스나 사진 자료를 보여 줌으로써 학습 동기를 이끌어 낼 수 있다.

2 읽기 중 – 20분

1) 신문 기사의 제목을 함께 읽고 어떤 내용이 나올지 이야기하도록 한다.

> 📣 신문 기사의 제목을 읽어 보세요.

> 📣 태풍이 무엇을 해 준다고 썼어요? 태풍이 어떻다고 썼어요?

2) 신문 기사를 소리 내어 읽도록 한다.

3) 글의 내용과 일치하는지를 확인하도록 한다.

4) 신문 기사를 읽고 빈칸에 알맞은 말을 찾아서 쓰도록 한다.

> 📣 태풍은 지구의 열이 골고루 퍼지도록 도와요. 또 어떤 역할이 있다고 하나요?

3 읽기 후 – 10분

1) 태풍의 역할에 대해 관계있는 것끼리 연결하도록 한다.

> 📣 태풍이 오면 비가 많이 내려요. 그래서 태풍은 어떤 역할을 해요?

> 📣 태풍은 더운 지역에서 추운 지역으로 이동해요. 그래서 태풍은 어떤 역할을 해요?

> 📣 태풍은 더러운 공기를 날려 보내요. 그래서 태풍은 어떤 역할을 해요?

2) 연결한 내용을 보며 태풍의 역할에 대해 말해 보도록 한다.

4 정리 – 5분

1) 신문 기사를 읽기 전과 읽은 후에 태풍에 대해 달라진 생각을 이야기해 보도록 한다.

2) 날씨 문제를 해결해 주는 태풍의 역할에 대해 말해 보도록 한다.

> 📣 태풍을 겪은 적이 있나요?

1. 장마철 일기 예보를 듣고 질문에 답해 봅시다.

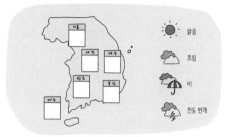

1) 그림을 가리키며 날씨를 말해 보세요.
2) 듣고 지도의 빈칸에 날씨를 써 보세요. 🎵6
3) 읽고 빈칸에 알맞은 낱말을 써 보세요.

장마가 오고 있습니다.
제주는 (   )와/과 함께 소나기가 내리겠습니다.
광주와 부산도 하루 종일 (   )이/가 내리겠습니다.
대구와 대전은 구름이 많아 (   ).
서울은 맑겠습니다. 지금까지 날씨를 전해 드렸습니다.

2. 그림을 보며 일기 예보를 써 봅시다.

안녕하십니까.
_____ 입니다.
_____
_____
_____
지금까지 날씨를 전해 드렸습니다.
감사합니다.

3. 쓴 내용을 발표해 봅시다.

7차시 일기 예보 말하기

• 학습 목표
• 일기 예보를 쓰고 친구들 앞에서 발표할 수 있다.

1 도입, 듣기 전 – 5분

1) 일기 예보를 보거나 들은 경험을 이야기하도록 한다.
   📌 텔레비전이나 라디오, 스마트폰에서 일기 예보를 보거나 들은 적이 있나요?
   📌 일기 예보를 보거나 들은 경험을 친구들과 이야기해 보세요.

2) 1번 그림을 보며 무슨 날씨를 가리키는지 읽도록 한다.

3) 1번 그림을 보며 어떤 지역의 날씨에 대해 듣게 될지 말하도록 한다.

2 듣기 – 10분

1) 듣기 자료를 듣고 지도의 빈칸에 알맞은 날씨 어휘를 쓰도록 한다.

2) 그림을 보면서 글을 읽고, 빈칸에 알맞은 낱말을 쓰도록 한다.

3) 쓴 내용을 읽고 낱말을 알맞게 썼는지 확인하도록 한다.

3 쓰기 – 10분

1) 듣기 자료를 다시 듣고 일기 예보를 하는 방법을 떠올리도록 한다.

2) 그림이 나타내는 날씨가 무엇인지 써 보도록 한다.

3) 그림을 보며 일기 예보를 쓰도록 한다.

4 말하기 – 10분

1) 쓴 일기 예보의 내용을 친구들 앞에서 발표하도록 한다.

2) 친구의 발표를 듣고 자신이 쓴 내용과 다른 부분을 찾아 말해 주도록 한다.

5 정리 – 5분

1) 날씨를 나타내는 낱말과 기호를 말하도록 한다.

2) 날씨 정보를 나타낸 그림을 보고 간단하게 일기 예보를 해 보도록 한다.

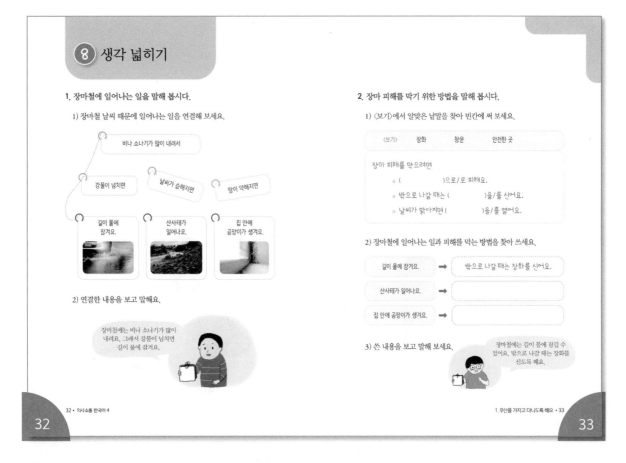

8차시 생각 넓히기

· **학습 목표**
· 장마철 날씨의 특징과 장마 피해를 막기 위한 방법을 말할 수 있다.

1 도입 – 5분

1) 여름철 날씨의 특징에 대해 말하도록 한다.

2) 장마철에 겪은 일에 대해 이야기하도록 한다.
   신 여름에 비가 많이 내려서 힘들었던 적이 있었나요?

3) 1번 사진을 보고 그와 비슷한 장면을 본 적이 있는지 말하도록 한다.

2 제시, 설명 – 10분

1) 장마철 날씨의 특징에 대해 말하도록 한다.

2) 장마로 인해 일어나는 일을 연결하고 읽어 보도록 한다.

3) 2번 〈보기〉에 제시된 낱말을 보고 장마 피해를 막기 위한 방법을 상상해서 말하도록 한다.

4) 장마 피해를 막기 위한 방법 중 〈보기〉에서 알맞은 낱말을 찾아서 쓰도록 한다.

3 연습 – 10분

1) 장마로 인해 일어나는 일에 대해 친구와 번갈아 가며 말하도록 한다.

2) 장마 피해를 막기 위한 방법을 말하도록 한다.

3) 장마철에 일어나는 일과 장마 피해를 막는 방법을 찾아서 쓰도록 한다.

4 적용 – 10분

1) 장마철에 일어나는 일과 장마 피해를 막는 방법을 이어서 말하도록 한다.
   학 장마철에는 길이 물에 잠겨요. 장마 피해를 막으려면 어떻게 해요?
   학 장마철에는 산사태가 일어나요. 장마 피해를 막으려면 어떻게 해요?
   학 장마철에는 집 안에 곰팡이가 생겨요. 장마 피해를 막으려면 어떻게 해요?

2) 장마철 피해를 막기 위한 방법을 '-도록 하다'를 넣어 친구와 이야기하도록 한다.

5 정리 – 5분

1) 장마철 날씨를 간단히 말하도록 한다.

2) 장마 피해를 막기 위한 방법을 친구와 돌아가며 말하도록 한다.

2단원 • 열심히 달렸더니 다리가 아파요

단원의 개관

이 단원의 목표는 학생들이 역할을 나누어 운동한 경험을 이야기하며 운동 약속을 정하는 말하기를 배우는 것이다. 일상생활 및 학교생활에서 체육 활동과 관련된 장면 및 내용을 학습함으로써 의사소통 능력을 향상시킬수 있다.

학습목표	• 친구와 역할을 나누는 말을 할 수 있다. • 운동한 경험을 이야기할 수 있다. • 운동 약속을 정할 수 있다.						
주제	장면		기능	문법	어휘	문화	담화 유형
	일상생활	학교생활					
체육 활동	체육 활동	가족과 함께 등산	역할 정하기 협상하기	−을 테니까 −었더니 대신에	운동 관련 어휘	전통 놀이	대화 편지 일기 쪽지
	주말에 운동	체육 대회					

● 차시 전개 과정

차시	차시 제목	성격	학습 내용	교재 쪽수	익힘책 쪽수
1	친구와 함께 하는 운동	필수	• 친구와 함께 역할을 정하는 말하기를 할 수 있다.	36	26
2	운동회에서 겪은 일	필수	• 운동한 경험을 친구에게 설명할 수 있다.	38	30
3	운동 약속	필수	• 친구와 운동 약속을 정하는 말하기를 할 수 있다.	40	34
4	가족과 함께 간 등산	필수	• 글을 읽고 가족과 함께 운동한 일을 쓸 수 있다.	42	36
5	'몸으로 말해요' 놀이 하기	선택	• 운동 중에 일어난 일에 대해 친구에게 도움이 되는 말을 전할 수 있다.	44	–
6	이야기 읽기	선택	• 글을 읽고 비슷한 경험을 친구들과 이야기할 수 있다.	46	–
7	일기 쓰기	선택	• 친구와 약속을 정하고 운동한 경험을 살려 일기를 쓸 수 있다.	48	–
8	생각 넓히기	선택	• 글을 읽고 전통 놀이 도구를 만들 수 있다.	50	–

● 단원 지도상의 유의점

◆ 〈의사소통 한국어〉 교재의 특성상 단어, 표현, 문법을 분리하여 명시적으로 학습하지 않는다. 주어진 장면과 상황 안에서 그림과 사진을 통해 어휘 및 표현을 이해하고 제시된 대화나 활동으로 문법을 이해할 수 있도록 교수한다.

◆ 마지막 활용 문항에서는 매 차시 배운 어휘나 문법을 활용해 차시별 학습 주제를 2~3문장 이상의 복문으로 말하거나 쓸 수 있도록 지도한다.

◆ 놀이와 운동을 주제로 구성된 〈의사소통 한국어 1〉의 '7. 놀이터에서 자전거 탔어' 단원의 학습 내용과 연계하여 유사 주제에 관한 학습자 이해도를 진단하는 데 활용할 수 있다.

◆ 필수 차시에서 제시되는 어휘나 표현의 반복 연습이나 문법의 활용형 연습에는 익힘책을 활용하도록 한다.

1차시 친구와 함께 하는 운동

· **주요 학습 내용**

> **어휘**
> 막다, 차다, 돌리다, 넘다, 도망가다, 쫓아가다, 던지다, 피하다, 줄넘기, 술래잡기, 피구
>
> **문법 및 표현**
> -을 테니까
>
> **준비물**
> 듣기 자료

· **학습 목표**
· 친구와 함께 역할을 정하는 말하기를 할 수 있다.

1 도입 – 3분

1) 단원 도입의 운동과 연상되는 도구 사진을 보고 질문한다.
   - 🔲 이 물건들은 무엇이에요?
   - 🔲 이 물건들을 이용해서 운동한 적 있어요?

2) 학습 목표와 관련된 질문을 한다.
   - 🔲 친구와 함께 역할을 나누어서 운동한 적 있어요?
   - 🔲 친구와 운동 약속을 한 적 있어요?

3) 이번 단원을 배우면 운동을 할 때 쓰는 낱말과 역할을 정하는 말하기에 대해 말할 수 있다고 설명한다.

4) 1번 그림을 보면서 단원 도입과 연계하여 질문한다.
   - 🔲 친구들이 무엇을 하고 있어요?
   - 🔲 해 본 적 있어요? 무엇이 가장 재미있어요?

5) 차시 목표와 함께 오늘 배울 내용을 안내한다.
   - 🔲 운동을 할 때에 사용하는 낱말에 대해 배워 볼 거예요.
   - 🔲 친구와 함께 운동을 할 때 역할을 정해 말하는 방법을 배워 볼 거예요.

2 제시, 설명 – 15분

1) 운동에 필요한 동작을 나타내는 어휘를 학습하도록 한다.

2) 어떤 운동을 하고 있는지 〈보기〉에서 찾아 쓰도록 한다.

어휘 지식	
막다 [막따]	무엇을 안으로 들어오지 못하게 하다. 예 그녀는 양산을 써서 한낮의 땡볕을 막을 수 있었다. 산에서 길을 잃은 우리는 조그마한 동굴을 발견해 간신히 추위를 막았다.
차다	발을 뻗어서 어떤 것을 힘껏 지르거나 받아 올리다. 예 나는 발로 축구공을 힘껏 찼다. 그가 찬 돌멩이는 포물선을 그리며 멀리 날아갔다.
돌리다	물체를 원을 그리면서 움직이게 하다. 예 엄마는 맷돌을 돌려 콩을 갈았다. 민준이가 손잡이를 돌리다 말고 멈칫하며 문을 다시 닫았다.

1 친구와 함께 하는 운동

1. 친구들이 운동장에서 운동을 합니다. 그림을 보며 말해 봅시다.

공을 막다 / 축구 / 공을 차다 / 줄을 돌리다 / 줄을 넘다 / 도망가다 / 쫓아가다 / 공을 피하다 / 공을 던지다

1) 무슨 운동인지 〈보기〉에서 찾아 쓰세요.

> 〈보기〉   줄넘기   술래잡기   피구

2) 듣고 무슨 운동인지 가리켜 보세요. 🔊7

36 • 의사소통 한국어 4

36

넘다 [넘:따]	어떤 것을 사이에 두고 건너편으로 뛰다. 예 도랑을 넘다. 장애물을 넘다.
도망가다	피하거나 쫓기어 달아나다. 예 사슴 한 마리가 사람 소리에 놀라 숲으로 도망갔다. 어제 청소 안 하고 어디로 도망간 거야.
쫓아가다	어떤 사람이나 물체의 뒤를 급히 따라가다. 예 운동장에서 아이들이 공을 쫓아가며 공차기 놀이를 한다. 기를 쓰고 쫓아가다.
던지다	손에 든 물건을 팔을 움직여 공중으로 내보내다. 예 연못에 돌을 던진다. 아이들은 시냇물에 돌을 던지며 놀았다.
피하다 [피:하다]	원치 않은 일을 당하거나 어려운 일이 일어나지 않게 하다. 예 어려운 일을 피하는 것만이 능사는 아니다. 나는 그 사람과의 쓸데없는 마찰을 피하려고 휴가를 냈다.
줄넘기 [줄럼끼]	두 사람이 긴 줄의 양 끝을 한쪽씩 잡고 커다란 원을 그리면서 돌리면 나머지 사람들은 그 줄을 뛰어넘는 놀이. 예 줄넘기는 줄에 뛰어드는 타이밍이 중요하다. 어린 소녀들이 노래를 부르며 리듬에 맞춰 줄넘기를 하고 있다.
술래잡기	여럿 가운데 한 사람이 술래가 되어 다른 사람들을 잡는 놀이. 예 어릴 적에 술래잡기를 할 때면 나는 언제나 술래였다. 동네 아이들이 골목에서 술래잡기를 하고 있었다.

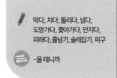

막다, 차다, 돌리다, 넘다,
도망가다, 쫓아가다, 던지다,
피하다, 줄넘기, 술래잡기, 피구

-을 테니까

3) 그림을 가리키며 어떻게 하는 운동인지 말해 보세요.

공을 발로 차는 운동이야.

발로 찬 공을 손으로 막아야 해.

2. 〈보기〉와 같이 이어서 말해 봅시다.

〈보기〉
내가 공을 막을게.   너는 공을 찰래?
➡ 내가 공을 막을 테니까 너는 공을 찰래?

① 내가 줄을 돌릴게.   너는 줄을 넘을래?

② 내가 쫓아갈게.   너는 도망갈래?

③ 내가 공을 던질게.   너는 공을 피할래?

3. 친구와 함께 역할을 정해서 운동을 해 봅시다.

줄은 누가 돌리지?

우리가 줄을 돌릴 테니까
먼저 줄을 넘을래?

그래, 고마워.

나는 줄을 넘고 싶어.

2. 열심히 달렸더니 다리가 아파요 • 37

37

3) 듣기 자료를 듣고 무슨 운동인지 써 보도록 한다.

4) 그림을 가리키며 어떻게 하는 운동인지 말해 보도록 한다.

5) 운동할 때 역할을 정해야 하는 상황을 설명하도록 한다.
   ⓢ 축구를 하는 두 친구가 모두 공을 차고 싶어 해요. 어떻게 해야 할까요?
   ※ 유의점: 운동 상황에서 벌어질 수 있는 갈등 상황을 제시하고 역할을 나누는 말하기를 통해 이를 해결할 수 있음을 안내한다.

6) 문법 '-을 테니까'를 넣어 역할을 정하는 말하기를 하도록 한다.

문법 지식

-을 테니까
· 말하는 사람의 의지를 나타내는 표현. 동사에 붙어 말하는 사람의 의지를 나타낸다. 말하는 사람의 의지를 나타내는 앞 절의 내용에 근거하여 듣는 사람에게 뒤 절의 내용을 요청할 때 사용한다.

	조건	형태	예시
①	동사 어간 끝음절에 받침이 있으면	-을 테니까	막-+-을 테니까 → 막을 테니까 넘-+-을 테니까 → 넘을 테니까
②	동사 어간 끝음절에 받침이 없으면	-ㄹ 테니까	세우-+-ㄹ 테니까 → 세울 테니까 던지-+-ㄹ 테니까 → 던질 테니까
③	동사 어간 끝음절의 받침이 'ㄹ'로 끝나면	-테니까	만들-+-테니까 → 만들 테니까 불-+-ㄹ 테니까 → 불 테니까

③ 연습 – 8분

1) 그림을 제시하고 무슨 운동인지 또 어떻게 하는 운동인지 말하도록 한다.
   ⓢ 이 운동의 이름은 무엇인가요?
   ⓢ 이 운동은 어떻게 하는 운동인가요?

2) 질문을 듣고 운동에 필요한 알맞은 동작을 말하도록 한다.

3) 제시한 두 문장을 보고 '-을 테니까'를 넣어 이어 말하도록 한다.

④ 적용 – 12분

1) 3번 두 그림을 제시하고 '-을 테니까'를 넣어서 말하도록 한다.

2) 역할을 정해야 하는 상황을 제시하고 역할을 나누어 말하도록 한다.

   ※ 다른 활동
   - 주어진 줄넘기 상황 이외에도 축구, 술래잡기, 피구 상황을 제시하고 각자 역할을 맡아서 말해 보는 활동으로 진행할 수 있다.
   - 각 교재에 실린 놀이 활동들을 끌어 와서 역할 나누기 활동과 함께 진행할 수 있다.

3) 친구들이 말한 내용을 듣고 알맞게 말했는지 서로 의견을 나누도록 한다.

⑤ 정리 – 2분

1) 익힘책 26~29쪽을 풀게 한다.

2) 그림이나 사진을 제시하고 알맞은 어휘와 표현으로 말해 보도록 한다.
   ⓢ 누가 무엇을 하고 있어요?
   ⓢ 무슨 운동이에요?

3) 학습한 어휘와 표현을 사용해서 역할을 정하는 말하기를 한다.
   ⓢ 두 문장을 읽어 보세요.
   ⓢ '-을 테니까'를 넣어 두 문장을 이어 보세요.

4) 다음 차시 예고를 한다.

2차시 운동회에서 겪은 일

• 주요 학습 내용

어휘
운동회, 굴리다, 이인삼각, 어깨동무, 응원하다, 콩 주머니,
이어달리기, 목이 쉬다, 아프다

문법 및 표현
-었더니

준비물
듣기 자료

• 학습 목표
• 운동한 경험을 친구에게 설명할 수 있다.

① 도입 – 3분

1) 1번 그림을 보면서 무엇을 배울지 예상하도록 한다.
   교 무엇을 하는 장면이에요? 해 본 적이 있어요?

2) 차시 목표와 함께 오늘 배울 내용을 안내한다.
   교 운동을 하고 나서 아팠던 적이 있나요?
   교 운동을 하면서 겪었던 일을 말하는 방법을 배워 볼 거예요.

② 제시, 설명 – 18분

1) 운동회 종목을 가리키며 무슨 경기를 하는지 따라 읽
   도록 한다.
   교 나래초등학교에서 운동회가 열렸어요. 무슨 경기를 하고
   있어요?

2) 듣기 자료를 듣고 어휘를 가리키며 따라서 말하
   도록 한다.

※ 유의점
- 제시 어휘는 기본형으로 보여 주고 말할 때는 '-어/아요'형
  으로 답하게 한다.
- 어휘를 제시할 때에 동작을 함께 보여 줌으로써 이해를 도울
  수 있다.

어휘 지식	
운동회 [운:동회/ 운:동훼]	여러 사람이 모여 여러 가지 운동 경기를 하는 모임. 예 운동회가 벌어지다. 민준이는 운동회를 할 때마다 달리기에서 일등을 했다.
굴리다	구르게 하다. 예 눈덩이를 굴리다. 고양이가 털실을 굴리면서 놀고 있네.
어깨동무	상대방의 어깨에 서로 팔을 얹어 끼고 나란히 함. 예 나는 다리를 다친 친구를 어깨동무로 부축해서 병원으 로 갔다. 승규와 영수는 키 차이가 많이 나서 어깨동무를 하기가 힘들다.
응원하다 [응:원하다]	운동 경기 등에서 노래나 손뼉치기 등을 하면서 선수들을 격려하다. 예 선수는 자기를 응원해 준 관중들을 향해 손을 흔들었다. 넌 어느 팀을 응원할 거니?

② **운동회에서 겪은 일**

1. 나래초등학교 운동회가 열렸습니다. 그림을 보며 말해 봅시다.

가을운동회

큰 공 굴리기
뛰면서 공을 굴리다

응원하기
큰 소리로 응원하다

청팀 이겨라!

이인삼각
어깨동무를 하고 뛰다

콩 주머니 던지기
콩 주머니를 던지다

이어달리기
결승점까지 달리다

1) 듣고 가리키고 따라 하세요. 🎧8

38

이어달리기	일정한 거리를 나누어서 몇 사람이 차례대로 이어 달리는 육상 경기. 계주. 예 이어달리기 중 마지막 주자인 지수가 넘어져서 우리 팀 이 졌다. 이번 운동회에서 제일 인기 있는 경기는 가족 대항 이어 달리기였다.
쉬다	목청에 탈이 나서 목소리가 거칠어지고 잘 나오지 않게 되다. 예 지수는 회의에서 두 시간 동안 발표를 하고 목소리가 쉬 어 버렸다. 나는 대회에서 부를 노래를 무리해서 연습하는 바람에 목이 쉬어서 오히려 잘 부를 수 없었다.
아프다	몸의 어떤 부분을 많이 사용해서 피로나 괴로움을 느끼다. 예 지수는 다리가 아파서 더 이상 걸을 수가 없었다. 세 시간 동안 쉬지 않고 계속 책을 봤더니 눈이 아프다.

3) 누가 무엇을 하고 있는지 손가락으로 가리키며 말하도
   록 한다.

4) 그림을 보고 운동회에서 무슨 일이 있었는지 짐작해서
   말하도록 한다.
   교 (팔이 아프다) 큰 공에 팔을 맞으면 어떻게 될 것 같아요?

5) 그림과 아픈 곳을 선으로 연결해 보도록 한다

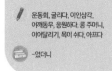
운동회, 굴리다, 이인삼각,
어깨동무, 응원하다, 콩 주머니,
이어달리기, 목이 쉬다, 아프다

-었더니

2) 누가 무엇을 하고 있어요? 가리키며 말해 보세요.

> 저밍이 콩 주머니를
> 던지고 있어요.

2. 운동회를 마치고 어디가 아픈지 말해 봅시다.

1) 운동회에서 한 일과 아픈 곳을 연결해 보세요.

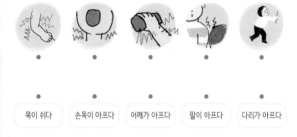

목이 쉬다   손목이 아프다   어깨가 아프다   팔이 아프다   다리가 아프다

2) 운동회에서 겪은 일을 〈보기〉처럼 말해 보세요.

<보기>

무슨 일이야?

열심히 콩 주머니를
던졌더니 손목이 아파.

그렇구나.

그래도 우리 편이
이겨서 기분이 좋아.

3. 운동을 하다가 다친 적이 있나요? 친구와 이야기해 봅시다.

2. 열심히 달렸더니 다리가 아파요 • 39

39

6) 운동회에서 겪은 일을 '-었더니'를 넣어 말해 보도록
한다.

3 연습 - 5분

1) 그림을 세시하고 무슨 경기인지 이름을 말하도록 한다.

2) 그림을 가리키며 누가 무엇을 하고 있는지 말하도록
한다.

3) 두 문장을 듣고 '-었더니'를 넣어 연결해 보도록 한다.

4 적용 - 12분

1) 운동회에 참여한 경험 또는 친구와 함께 운동 시합을
한 경험을 이야기하도록 한다.

　신 학교에서 열리는 운동회에 참여한 적이 있나요?

　신 친구들과 함께 운동 시합을 겨룬 적이 있나요?

2) 열심히 운동을 하고 난 후 아팠던 적이 있는지 이야기
하도록 한다.

3) '-었더니'를 넣어 운동한 경험을 발표해 보도록 한다.

문법 지식

-었더니

· 과거에 직접 관찰한 사실이나 경험한 것에 이은 결과를 나
타내는 연결 어미. 동사에 붙어 과거에 직접 관찰하거나
경험한 사실에 대한 결과를 나타낸다.

	조건	형태	예시
①	동사 어간 끝음절 모음이 'ㅏ, ㅗ'인 경우	-었더니	막-+-었더니 → 막았더니 보-+-었더니 → 보았더니
②	동사 어간 끝음절 모음이 'ㅏ, ㅗ'가 아닌 경우	-었더니	던-+-었더니 → 던졌더니 올리-+-었더니 → 올렸더니
③	'-하다'가 붙은 동사 어간	였더니 (흔히 줄여서 '했더니')	하-+-였더니 → 하였더니 응원하-+-였더니 → 응원하였더니

· 불규칙
　걷- 예 하루 종일 걸었더니 다리가 아파요.
　돕- 예 친구를 도왔더니 고맙다고 하네요.
　짓- 예 찰흙으로 집을 지었더니 잘 만들었다고 칭찬하
　　　　셨어요.
　누르- 예 초인종을 눌렀더니 친구가 나왔어요.

· ① 주로 앞 절에는 1인칭 주어가 나타난다. 단, 타인의 행
　위를 시작부터 끝까지 관찰했을 때는 3인칭 주어를 쓸
　수 있다.
　예 (내가) 아침을 안 먹었더니 배가 고파요.
　　동생이 컴퓨터에 물을 쏟았더니 컴퓨터 전원이 안 들어
　　와요.
　② 뒤 절에 미래 시제가 올 수 없다. 주로 과거 시제가 온다.
　예 밤을 샜더니 과제를 다 끝내겠습니다.(✕)
　　밤을 샜더니 과제를 다 끝낼 거예요.(✕)
　　밤을 샜더니 과제를 다 끝냈어요.(○)
　③ 뒤 절에 청유문이나 명령문이 올 수 없다.
　예 큰 소리로 응원했더니 물을 많이 드세요.(✕)
　　콩 주머니를 세게 던졌더니 오늘은 쉬어라.(✕)

5 정리 - 2분

1) 익힘책 30~33쪽을 풀게 한다.

2) 그림이나 사진을 제시하고 알맞은 어휘와 표현으로 말
해 보도록 한다.

　신 무슨 경기를 하고 있어요?

　신 친구들이 무엇을 하고 있어요?

3) 학습한 어휘와 표현을 사용해서 두 문장을 이어서 쓰
도록 한다.

　신 촘푸가 공을 던졌어요. 그랬더니 빈센트가 공을 피했어요.

4) 다음 차시 예고를 한다.

2단원 열심히 달렸더니 다리가 아파요 • 33

· **주요 학습 내용**

> **어휘**
> 배드민턴, 수영, 운동장, 공원, 자전거, 체육관, 음악 줄넘기,
> 스포츠 센터
> **문법 및 표현**
> 대신에

· **학습 목표**
· 친구와 운동 약속을 정하는 말하기를 할 수 있다.

1 도입 – 3분

1) 약속을 정하여 친구와 함께 운동한 경험이 있는지 말해 보도록 한다.
   - 🔵 친구와 약속을 정한 적 있어요?
   - 🔵 내가 하고 싶은 운동과 친구가 하고 싶은 운동이 다른 적이 있어요?

2) 차시 목표와 함께 오늘 배울 내용을 안내한다.
   - 🔵 친구와 운동 약속을 정하는 말하기를 해 볼 거예요.
   - 🔵 내가 하고 싶은 것과 친구가 하고 싶은 것이 다를 때 말하는 방법을 배울 거예요.

2 제시, 설명 – 18분

1) 1번 대화를 들어 보도록 한다.
   - 🔵 어떤 친구들이 함께 모여 있어요?
   - 🔵 친구들이 무슨 대화를 하는지 읽어 보세요.

2) 읽은 내용을 확인하는 질문에 답하도록 한다.
   - 🔵 누가 무엇을 하고 싶어 해요?
   - 🔵 무엇을 하기로 결정했는지 써 보세요.

3) '대신에'를 넣어서 어떻게 말했는지 말하도록 한다.
   - 🔵 성우는 배드민턴을 치고 싶어 해요. 빈센트는 무엇이라고 말했어요?

> **문법 지식**
>
> **대신에**
> · 어떤 행위를 다른 행위로 대체함을 나타내는 표현으로 앞 절의 행위를 하지 않고 뒤 절의 행위로 대체함을 나타낼 때 사용한다.

4) 그림을 보며 운동을 할 수 있는 장소에 대해 말하도록 한다.
   - 🔵 (운동장/공원) 바깥에서 운동을 하려고 해요. 어디에 가면 될까요?
   - 🔵 (체육관/스포츠 센터) 안에서 운동을 하려고 해요. 어디에 가면 될까요?

5) 누가 무엇을 하고 있는지 말하도록 한다.

---

3 운동 약속

1. 아이다와 친구들이 운동 약속을 합니다. 읽고 물음에 답해 봅시다.

1) 누가 무엇을 하고 싶어 하는지 말해 보세요.

2) 무엇을 하기로 결정했는지 써 보세요.

🔵 (배드민턴을 치다) 저밍과 빈센트가 운동장에서 무엇을 하고 있어요?

🔵 (자전거를 타다) 아비가일과 리암이 공원에서 무엇을 하고 있어요?

🔵 (음악 줄넘기를 하다) 촘푸와 아이다가 체육관에서 무엇을 하고 있나요?

🔵 (수영을 하다) 요우타가 스포츠 센터에서 무엇을 하고 있어요?

※ 유의점: 제시 어휘는 기본형으로 보여 주고 말할 때는 '-어/아요'형으로 답하게 한다.

어휘 지식	
배드민턴	네트를 사이에 두고 라켓으로 깃털이 달린 공을 서로 치고 받는 경기. ⓔ 우리 부모님은 아침마다 공원에서 배드민턴을 치신다. 이번에 선물로 받은 배드민턴 라켓은 가벼워서 빠르게 휘두를 수 있다.
수영	물속을 헤엄침. ⓔ 수영을 못하는 승규는 물속에 빠지는 것을 가장 두려워한다. 박 선수는 수영 종목에서 우리나라 선수로는 최초로 금메달을 땄다.

배드민턴, 수영, 운동장,
공원, 자전거, 체육관,
음악 줄넘기, 스포츠 센터

대신에

2. 친구와 함께 하는 운동입니다. 이야기해 봅시다.

바깥에서 하는 운동	운동장 배드민턴을 치다	공원 자전거를 타다
안에서 하는 운동	체육관 음악 줄넘기를 하다	스포츠 센터 수영을 하다

1) 어디에서 무슨 운동을 해요? 가리키고 말해 보세요.

2) 아래와 같이 이야기해 보세요.

〈보기〉
가: 학교 끝나고 운동장에서 배드민턴 칠래?
나: 배드민턴 대신에 음악 줄넘기는 어때?
가: 좋아, 그럼 체육관에서 보자.

① ②

3. 친구와 운동 약속을 해 봅시다.

2. 열심히 달렸더니 다리가 아파요 • 41

41

운동장	운동 경기, 놀이 등을 할 수 있도록 여러 가지 기구나 시설을 갖춘 넓은 마당. 예 체육 시간이 되자 아이들이 운동장으로 우르르 몰려나왔다. 오늘 수업 끝나고 학교 운동장에서 옆 반 애들이랑 축구 시합 하자.
공원	사람들이 놀고 쉴 수 있도록 풀밭, 나무, 꽃 등을 가꾸어 놓은 넓은 장소. 예 시민 공원. 오랜만에 공원에 나오니 공기가 상쾌하고 좋다.
자전거	사람이 올라타고 두 발로 발판을 밟아 바퀴를 굴려서 나아가는 탈것. 예 자전거를 타다. 물건을 자전거로 실어 나르다.
체육관	실내에서 운동을 할 수 있게 만든 건물. 예 체육관에서 경기가 열리다. 내 동생은 지난주부터 동네 체육관에서 운동을 시작했다.
스포츠 센터	여러 가지 운동을 할 수 있도록 시설을 갖춘 곳. 예 내가 다니는 스포츠 센터는 규모가 커서 수영장까지 갖추고 있다. 나는 올해부터 운동을 열심히 해야겠다고 다짐하고 스포츠 센터에 등록했다.

3 연습 – 5분

1) 2번의 그림을 보고 어디에서 무엇을 하는지 말해 보도록 한다.

  선 (배드민턴) 운동장에서 무엇을 하고 있어요?

  선 (자전거) 공원에서 무엇을 하고 있어요?

  선 (음악 줄넘기) 체육관에서 무엇을 하고 있어요?

  선 (수영) 스포츠 센터에서 무엇을 하고 있어요?

2) 그림을 보고 '대신에'를 사용하여 친구와 이야기해 보도록 한다.

4 적용 – 12분

1) 둘 또는 세 명씩 모여서 운동 약속을 정하는 말을 하도록 한다.

2) 언제, 어디에 모여서 함께 운동을 하기로 했는지 발표하도록 한다.

3) 나와 친구가 서로 하고 싶어 하는 운동이 다를 때 어떻게 말해야 할지 발표해 보도록 한다.

5 정리 – 2분

1) 익힘책 34쪽을 풀게 한다.

  선 1번 그림을 보고 친구들이 무슨 이야기를 하는지 생각해 보세요.

  선 친구들이 무슨 운동을 하고 싶어 해요?

  선 무슨 운동을 하기로 결정했어요?

2) 익힘책 35쪽을 풀게 한다.

  선 2번 활동에서 친구들이 무슨 운동을 하고 싶어 하는지 알맞은 말을 써 보세요.

  선 친구와 역할을 나누어 이야기해 보세요.

  선 3번 활동에서 친구들의 생각을 간단하게 알릴 수 있는 쪽지로 써 보세요.

3) 1번 대화를 다시 읽고 물음에 답하도록 한다.

  선 세 친구는 각자 무엇을 하고 싶어 해요?

  선 세 친구는 어떻게 운동 약속을 결정했어요?

4) 다음을 듣고 학습한 어휘와 표현을 사용해서 협상하는 말하기를 한다.

  선 리암은 운동장에서 배드민턴을 치고 싶어 해요. 그런데 지민이는 스포츠 센터에서 수영을 하고 싶어 해요. 지민이가 할 말을 '대신에'를 넣어 말해 보세요.

  선 아이다는 공원에서 자전거를 타고 싶어 해요. 하지만 자르갈은 체육관에서 음악 줄넘기를 하고 싶어 해요. 자르갈이 할 말을 '대신에'를 넣어 말해 보세요.

5) 다음 차시 예고를 한다.

4차시 가족과 함께 간 등산

· **주요 학습 내용**

> **어휘**
> 등산, 챙기다, 배낭, 주차장, 준비 운동, 등산로, 전망대,
> 메다, 기특하다, 정상
>
> **준비물**
> 붙임 딱지

· **학습 목표**
· 글을 읽고 가족과 함께 운동한 일을 쓸 수 있다.

1 도입 – 3분

1) 차시 제목을 읽으며 무엇을 배울지 예상하도록 한다.
   · 🔵 가족과 함께 등산을 간 적이 있어요?
   · 🔵 무엇에 관한 글을 읽을 것 같아요?

2) 차시 목표와 함께 오늘 배울 내용을 안내한다.
   · 🟥 운동한 일을 쓴 일기를 읽어 볼 거예요.
   · 🟥 가족과 함께 운동한 일을 일기로 써 볼 거예요.

2 제시, 설명 – 18분

1) 1번 빈센트의 일기를 읽어 보도록 한다.
   · 🟥 언제 쓴 일기인지, 날씨는 어땠는지 읽어 보세요.
   · 🟥 빈센트의 가족이 어디에 있는지 손가락으로 지도를 가리
     키면서 읽어 보세요.

어휘 지식	
등산	운동이나 놀이 등의 목적으로 산에 올라감. 🔵 등산을 할 때에는 산에 쓰레기를 버리지 말아야 한다. 아내는 등산이 건강에 좋다며 아침마다 뒷산에 올랐다.
챙기다	필요한 물건을 찾아서 갖추어 놓거나 제대로 갖추었는지 살피다. 🔵 그는 내일 출장을 위해 간단하게 짐을 챙겼다. 나는 회의에 필요한 각종 서류를 챙겨 서둘러 출근 준비를 했다.
배낭 [배:낭]	물건을 넣어 등에 멜 수 있도록 만든 가방. 🔵 나는 일주일 넘게 여행을 할 계획이기 때문에 큰 배낭이 필요하다. 여행을 갈 때는 배낭에 꼭 필요한 것만 넣어서 최대한 짐을 줄이는 것이 좋다.
주차장	자동차를 세울 수 있는 일정한 장소. 🔵 나는 지하 주차장에 차를 대고 삼 층으로 올라갔다. 우리는 주차장을 몇 바퀴 돌고 나서야 차를 세울 빈자리를 찾았다.
준비 운동	운동이나 경기를 본격적으로 하기 전에 몸을 풀기 위해 하는 가벼운 운동. 🔵 준비 운동으로는 스트레칭이나 체조를 하는 것이 좋다. 준비 운동을 생략하고 찬물에 뛰어들었다가는 심장 마비가 올 수도 있다.
등산로	등산할 수 있도록 산에 나 있는 길. 🔵 그 산은 등산로의 경사가 완만해 어린아이들도 쉽게 오를 수 있다. 우리는 산에 오르기 전에 등산로 안내도를 보면서 목표 지점을 정했다.

---

4 가족과 함께 간 등산

1. 빈센트가 일기를 쓰다 잠이 들었습니다. 글을 읽고 물음에 답해 봅시다.

   1) 읽어 보세요.

   200○년 0월 0일 토요일

   날씨: 조금 흐림

   오늘은 가족 등산을 했다. 나는 일찍 일어나서 씻고 거실로 나갔다. 부모님은 벌써 준비를 마치셨다.
   "빈센트, 엄마가 동생을 챙길 테니까 아빠를 도와드리렴."
   나는 아빠를 도와 차에 배낭을 실었다. 차를 타고 목적지인 문수산에 도착했다. 우리 가족은 준비 운동을 하고 등산로를 걸었다. 전망대에 도착해 경치를 봤더니 저 멀리 다리가 보였다. 쉼터를 지나 문수사에 왔다. 동생이 발바닥이 아프다고 했다. 나도 오래 걸었더니 다리가 아팠다. 동생의 배낭을 대신 메고 내려왔다. 엄마는 기특하다며 나를 칭찬해 주셨다.
   주차장에 돌아와 차에 올라탔......

전망대 [전:망대]	멀리 바라볼 수 있도록 높은 곳에 만든 장소. 🔵 전망대에서 내려다본 우리 동네는 정말 작았다. 마을 사람들은 사람들이 경치를 감상할 수 있도록 산 정상에 전망대를 설치했다.
메다	물건을 어깨나 등에 올려놓다. 🔵 군인들은 모두 어깨에 총을 메고 있었다. 너무 무거운 가방을 메고 다니면 허리 건강에 좋지 않다.
기특하다	말이나 행동이 놀라우면서 자랑스럽고 귀엽다. 🔵 하는 짓이 기특하다. 나는 집안일을 도와주는 아이가 기특하여 머리를 쓰다듬어 주었다.
정상	산 등의 맨 꼭대기. 🔵 정상에 선 민준이는 눈앞에 탁 트인 광경을 보니 피로가 저절로 풀리는 듯했다. 등산객들은 다섯 시간 동안 산을 오른 끝에 정상에 도착했다.

2) 읽기 자료의 내용을 확인하는 질문에 답하도록 한다.
   · 🟥 빈센트가 쓴 일기를 다시 읽고 내용에 맞으면 ○, 틀리면
     X 표시를 해 보세요.
   · 🟥 (준비 운동) 빈센트 가족은 등산로를 걷기 전에 무엇을 했
     어요?

2) 읽은 내용과 맞으면 ○, 틀리면 ✕표 해 보세요.

빈센트는 토요일에 가족들과 등산을 다녀왔어요.
문수산 정상에서 동생이 발이 아프다고 했어요.

3) 빈센트 가족이 어디서 무엇을 했는지 붙임 딱지로 붙여 보세요. [붙임 딱지]

2. 빈센트가 쓴 글을 마무리 지어 봅시다.

1) 글을 어떻게 이어 썼나요? 빈칸에 알맞은 말을 써 보세요.

> 전망대에 도착해 경치를 봤다. ＋ 저 멀리 다리가 보였다.

➡ _____

2) 밑줄 그은 부분을 이어 써 보세요.

> 주차장에 돌아와 차에 올라탔다. 나도 모르게 잠이 왔다.
> 매우 힘들었다. 다음에는 꼭 정상까지 올라가야지.

➡ _____

3. 가족과 함께 운동한 일을 써 봅시다.

2. 열심히 달렸더니 다리가 아파요 • 43

43

---

4 적용 – 12분

1) 교재 1번에 제시된 글을 읽어 보도록 한다.

2) 읽은 내용을 확인하는 질문에 대답하도록 한다.
- [선] 누구와 어디를 갔어요?
- [선] 무엇을 했어요?

3) 가족과 함께 운동한 경험을 일기로 써 보도록 한다.

4) 쓴 일기를 친구와 함께 돌려 읽어 보도록 한다.

5 정리 – 2분

1) 익힘책 36쪽을 풀게 한다.
- [선] 빈센트가 쓴 일기를 큰 소리로 읽어 보세요.
- [선] 그림이 가리키는 알맞은 말을 연결해 보세요.
- [선] 2번 활동의 글을 읽고 일이 일어난 순서대로 번호를 써 보세요.

2) 익힘책 37쪽을 풀게 한다.
- [선] 빈센트가 쓴 읽기를 다시 읽어 보세요.
- [선] 3번 활동에서 어떤 문장이 서로 만나서 한 문장이 되는지 써 보세요.
- [선] 4번 활동에서 '-었더니'를 넣어 두 문장을 한 문장으로 써 보세요.

3) 읽기 자료를 다시 읽고 물음에 답하도록 한다.
- [선] 무슨 일을 일기로 썼어요?
- [선] (등산로를 가리키며) 어디에서 무엇을 했는지 말해 보세요.

4) 제시한 두 문장을 '-었더니'를 넣어 한 문장으로 이어 써 보세요.
- [선] 엄마, 오빠와 함께 공원에 도착했어요. 그랬더니 사람들이 운동을 하고 있었어요.

5) 다음 차시 예고를 한다.

- [선] (문수사) 동생의 발바닥이 아프기 시작한 곳은 어디였어요?

3) 빈센트 가족이 등산 코스에서 한 일을 [붙임 딱지]로 붙여 보도록 한다.

※ 유의점
- 붙임 딱지를 붙이기 전에 붙임 딱지에 그려진 그림이 무엇을 묘사한 장면인지를 함께 생각해 보는 시간을 갖도록 한다.
- 빈센트가 등에 가방을 메고 앞에도 또 하나의 가방을 멘 모습을 보고 누구의 가방을 대신 멘 것인지 말하도록 한다.

3 연습 – 5분

1) 글을 다시 읽고 어디서 무엇을 했는지 말해 보도록 한다.
- [선] (동생을 배낭을 대신 메다) 빈센트는 문수사에서 무엇을 했어요?
- [선] (경치를 보다) 빈센트는 전망대에서 무엇을 했어요?

2) 글을 어떻게 이어 썼는지 살펴보고 빈칸에 알맞은 말을 쓰도록 한다.

3) '-었더니'를 넣어 밑줄 그은 부분을 이어서 쓰도록 한다.

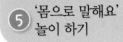

⑤ '몸으로 말해요' 놀이 하기

1. 체육 활동 중에 일어난 일을 해결하는 말을 해 봅시다.

1) 듣고 무슨 운동인지 번호를 써 보세요.

콩 주머니 던지기 　　이인삼각 　　큰 공 굴리기

2) 운동 중에 일어난 일과 친구에게 해 줄 말을 연결해 보세요.

넘어지다

공을 놓치다

줄이 발에 걸리다

· 공을 두 손으로 잡고 던져 볼래?

· 뛰었을 때 무릎을 구부려 볼래?

· 공을 끝까지 잘 보고 차 볼래?

3) 연결한 내용을 보고 〈보기〉와 같이 말해 보세요.

〈보기〉

오랜만에 축구공을 찼더니 자꾸 넘어져.

그래? 도와줘서 고마워.

공을 끝까지 보고 차. 내가 찰 때니까 따라 해.

2. '몸으로 말해요' 놀이를 해 봅시다.

〈놀이 방법〉

① 편을 나누어 각각 한 줄로 서세요.
② 맨 끝 친구만 뒤로 돌아서 '운동' 낱말을 보세요.
③ 앞 친구에게 몸으로 '운동'을 설명하세요.
④ 같은 방법으로 앞 친구에게 몸으로 '운동'을 전달하세요.
⑤ 맨 앞 친구가 칠판으로 나와서 '운동' 낱말을 쓰세요.

5차시 '몸으로 말해요' 놀이 하기

· **학습 목표**
· 운동 중에 일어난 일에 대해 친구에게 도움이 되는 말을 전할 수 있다.

① 도입, 듣기 전 – 3분

1) 무슨 운동인지, 어떤 도구를 가지고 하는 운동인지 말하도록 한다.

2) 그림과 낱말을 보면서 어떻게 하는 운동인지 말하도록 한다.

② 듣기 – 5분

1) 듣기 자료를 듣고 무슨 운동인지 1-1) 빈칸에 알맞은 번호를 쓰도록 한다.

2) 콩 주머니 던지기, 이인삼각, 큰 공 굴리기는 어떻게 하는 운동인지 말하도록 한다.

③ 말하기 – 15분

1) 1-2) 그림을 보고 운동 중에 어떤 일이 벌어졌는지 살펴보도록 한다.

   (신) 아이다가 무슨 운동을 하고 있어요? 아이다에게 어떤 일이 벌어졌어요?

(신) 아비가일과 아이다가 무슨 운동을 하고 있어요? 아비가일에게 어떤 일이 벌어졌어요?

(신) 요우타, 하미, 성우, 아이다가 무슨 운동을 하고 있어요? 친구들에게 어떤 일이 벌어졌어요?

2) 친구에게 도움을 주기 위해 해 줄 수 있는 말을 연결하도록 한다.

3) 연결한 내용을 보고 친구와 함께 〈보기〉와 같이 말해 보도록 한다.

④ 놀이하기 – 15분

1) 놀이 방법을 읽고 궁금한 점은 물어보도록 한다.

2) 운동에 알맞은 동작을 생각하며 '몸으로 말해요' 놀이를 한다.

   ※ 다른 활동: 몸으로 표현하는 활동 이외에도 신체 부위를 나타내는 어휘와 동작을 나타내는 어휘를 사용하여 운동을 설명하는 활동으로도 놀이 활동을 진행할 수 있다.

⑤ 정리 – 2분

1) 운동 종목과 운동하는 방법을 말해 보도록 한다.

2) 운동 중 발생한 일을 친구와 이야기하도록 한다.

⑥ 이야기 읽기

1. 그림을 보고 질문에 답해 봅시다.

1) 어떤 장면이에요? 그림을 보고 말해 보세요.

2) 무슨 이야기인지 그림을 보고 상상해서 말해 보세요.

2. 이야기 카드를 읽고 질문에 답해 봅시다.

1 "생일 선물로 인라인스케이트는 어떠니?" "아빠, 인라인스케이트 ( ) 자전거를 갖고 싶어요." 아버지께서 생일 선물로 빨간 자전거를 사 주셨어요.

2 "으악! 넘어질 것 같아." 자전거를 처음 타 보았어요. 자전거가 넘어질 것 같았어요. 자전거 타기는 정말 힘들어요. 그때 요우타를 만났어요.

3 요우타가 저를 보고 말했어요. "내가 뒤에서 잡아 줄 ( ) 다시 타 볼래?" 요우타가 자전거를 뒤에서 잡아 주었어요. 요우타 덕분에 자전거를 타기가 조금 쉬워졌어요.

4 "어때? 이제는 어렵지 않지?" "응, 정말 고마워, 요우타." 이제는 자전거 타기가 참 재미있어요. 내일도 요우타랑 자전거를 타고 싶어요.

1) 빈칸에 들어갈 알맞은 말을 〈보기〉에서 찾아 써 보세요.

〈보기〉	테니까	대신에

2) 밑줄 그은 부분을 이어서 써 보세요.

자전거를 처음 타 보았어요. → 자전거가 넘어질 것 같았어요.

→

3. 처음 운동했던 경험을 친구와 이야기해 봅시다.

6차시 이야기 읽기

- **학습 목표**
- 글을 읽고 비슷한 경험을 친구들과 이야기할 수 있다.

① 도입, 읽기 전 – 5분

1) 새로운 운동을 배우거나 처음으로 운동을 해 본 경험을 말하도록 한다.

2) 이야기 카드의 그림을 보고 내용을 예측해 보게 한다.
- 선 무엇을 하는 장면인가요?
- 선 아비가일과 요우타가 무엇을 하고 있어요?

② 읽기 중 – 20분

1) 그림을 보고 일이 일어난 순서를 이야기해 보도록 한다.
- 선 장면이 어떻게 달라졌는지 말해 보세요.
- 선 아비가일에게 어떤 변화가 생긴 것 같은지 말해 보세요.

※ 유의점: 그림을 보고 예측하는 단계에서는 단일한 정답으로 수렴하기보다 학습자 개개인이 수립한 근거의 타당성에 대해 활발하게 이야기할 수 있도록 유도한다.

2) 모둠 친구와 함께 이야기 카드를 읽도록 한다.

3) 1번 그림을 보면서 이야기 카드를 읽도록 한다.

③ 읽기 후 – 10분

1) 이야기 카드의 빈칸에 알맞은 낱말을 쓰도록 한다.
- 학 "내가 뒤에서 잡아 줄 (테니까) 다시 타 볼래?"
- 학 "아빠, 인라인스케이트 (대신에) 자전거를 갖고 싶어요."

2) 밑줄 친 두 문장을 한 문장으로 이어서 쓰도록 한다.

3) 한 친구가 그림을 제시하면 그에 해당하는 이야기 카드를 골라 읽도록 한다.

4) 처음으로 운동했던 경험을 친구와 이야기하도록 한다.
- 선 처음으로 배웠거나 해 봤던 운동은 무엇이었어요?
- 선 운동을 할 때 어떤 점이 어려웠어요?
- 선 운동을 하다가 아프거나 다쳤던 적이 있어요?

④ 정리 – 5분

1) 이야기를 듣고 내용이 가리키는 그림을 골라서 번호를 말하도록 한다.

2) 운동 경험에 관한 친구의 이야기를 듣고 공감하는 부분에 대해 말하도록 한다.

1. 빈센트가 쓴 쪽지를 읽어 봅시다.

안녕, 애들아. 혹시 토요일에 시간 되니?
토요일 오후 2시부터 학교 운동장에서
축구를 하려고 해.
나랑 같이 축구할 사람?

축구하자!
시간: 토요일 오후 2시
장소: 학교 운동장
-빈센트

1) 빈센트가 언제, 어디서, 무엇을 하고 싶어 하는지 말해 보세요.

2) 하미의 생각을 읽고 빈센트처럼 쪽지로 써 보세요.

친구들 안녕! 이어달리기 연습을
함께 할 친구를 찾고 있어.
혹시 일요일에 시간 있는 사람?
일요일 오전 10시부터 운동장에서
연습하려고 해.

2. 친구와 함께 운동 약속을 정해 봅시다.

1) 쪽지를 써서 학급 게시판에 붙여 보세요.

2) 친구가 붙인 쪽지를 읽고 함께 하고 싶은 운동을 골라 표시해 보세요.

3. 친구와 함께 운동을 하고 일기를 써 봅시다.

7차시 일기 쓰기

· 학습 목표

· 친구와 약속을 정하고 운동한 경험을 살려 일기를 쓸 수 있다.

① 도입, 듣기 전 – 5분

1) 친구와 운동 약속을 정해서 함께 운동한 경험에 대해 이야기하도록 한다.

2) 친구와 쪽지를 사용하여 대화한 경험을 말하도록 한다.

② 읽기 – 10분

1) 그림을 보고 빈센트가 무엇을 하고 싶어 하는지 말하도록 한다.
   - 선 빈센트가 언제, 어디서, 무엇을 하고 싶어 해요?
   - 학 빈센트가 토요일에 학교 운동장에서 축구를 하고 싶어 해요.

2) 빈센트가 자신의 생각을 어떻게 표현했는지 말하도록 한다.
   - 선 운동을 하고 싶어 하는 빈센트는 친구들에게 무엇을 썼나요?
   - 선 빈센트가 쓴 쪽지를 읽어 보세요.
   - 선 빈센트의 생각 풍선에서 쪽지의 내용에 해당하는 부분에 밑줄을 그어 보세요.

3) 약속을 정하기 위해 쪽지를 쓸 때 무슨 내용이 들어가야 하는지 생각하도록 한다.

③ 쓰기 – 15분

1) 1-2) 하미의 생각을 읽고 쪽지로 써 보도록 한다.

2) 친구와 쓴 내용을 비교하고 잘된 점과 고칠 점을 찾아 보도록 한다.

3) 친구와 함께 하고 싶은 운동을 떠올려 보도록 한다.

4) 운동 약속을 정하는 쪽지를 써 보도록 한다.

④ 적용 – 5분

1) 운동 약속을 정하는 쪽지를 써서 학급 게시판에 붙인다.

2) 쪽지를 읽고 함께 운동하고 싶은 친구와 만나 운동 약속을 정해 보도록 한다.

3) 친구와 함께 운동한 경험을 떠올려 일기를 써 본다.

   ※ 유의점: 쪽지를 붙인 게시판을 거점으로 하여 자연스럽게 교실을 돌아다니며 친구와 대화하여 운동 약속을 정하는 말을 하도록 분위기를 조성한다. 한편, 약속을 정해 친구와 운동하는 활동과 일기를 쓰는 활동은 한 차시 내에 진행하기 어렵다. 따라서 필수 차시와 함께 유연하게 활동 시간을 조정하여 진행하도록 한다.

⑤ 정리 – 5분

1) 친구와 함께 어떤 약속을 정해서 실천했는지 이야기해 보도록 한다.

2) 쓴 일기를 여러 사람 앞에서 읽고 서로의 생각과 느낌을 말해 보도록 한다.

8 생각 넓히기

1. 전통 놀이입니다. 이야기해 봅시다.

딱지

팽이치기

팽이

딱지치기

공기

공기놀이

1) 무엇을 가지고 하는 놀이예요? 연결해 보세요.

2) 전통 놀이를 해 본 적이 있어요? 친구와 이야기해 보세요.

2. 그림을 보며 딱지를 접어 봅시다.

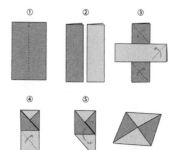

① ② ③
④ ⑤
완성

〈놀이 방법〉
① 종이를 반으로 접습니다.
② 반으로 접은 종이를 두 개 만듭니다.
③ 접은 두 개의 종이를 겹치게 놓습니다.
④ 점선을 따라 접습니다.
⑤ '나'를 '가'의 구멍 밑으로 끼웁니다.

3. 친구와 딱지치기 놀이를 해 봅시다.

8차시 생각 넓히기

· 학습 목표
· 글을 읽고 전통 놀이 도구를 만들 수 있다.

1 도입 – 5분

1) 친구와 함께 운동을 하거나 즐겁게 놀았던 경험을 이야기하도록 한다.

2) 명절에 가족이나 친척과 함께 전통 놀이를 즐겼던 경험을 이야기하도록 한다.

3) 딱지, 팽이, 공기 사진을 보고 이와 비슷한 물건을 본적이 있는지 말하도록 한다.

2 제시, 설명 – 10분

1) 전통 놀이와 놀이 도구를 나타내는 낱말을 읽어 보게 한다.

2) 도구와 놀이의 이름을 서로 짝지어 연결해 보도록 한다.

3) 전통 놀이를 한 경험에 대해 이야기해 보도록 한다.

4) 딱지 접는 방법을 읽어 보도록 한다.

3 연습 – 10분

1) 2번 그림과 설명을 함께 읽으면서 딱지 3장을 접어 보도록 한다.

2) 완성한 딱지를 친구와 함께 비교하며 잘 접혔는지 확인한다.

4 적용 – 10분

1) 4명씩 팀을 이루어 딱지치기 놀이를 해 보도록 한다.

전 딱지치기 놀이를 해 봅시다.

전 각 팀에서 한 명씩 앞으로 나와서 가위바위보를 합니다.

전 가위바위보에서 진 사람이 딱지를 바닥에 내려놓습니다. 이긴 사람은 딱지를 내리쳐서 바닥에 있는 상대방의 딱지를 뒤집어야 합니다.

전 상대방의 딱지가 뒤집히면 그 딱지를 가져갑니다. 뒤집지 못하면 딱지를 내려놓고 자리로 돌아갑니다.

전 다음 차례의 친구가 나와서 딱지를 내리쳐서 뒤집습니다.

2) 놀이를 마치고 친구와 소감을 이야기해 보게 한다.

※ 다른 활동
– 각 학교 및 학급에 있는 전통 놀이 도구를 사용하여 다양한 전통 놀이 문화를 체험할 수 있도록 구성한다.
– 놀이 도구를 줄 때에는 도구를 묘사하는 말하기 활동이나 활동 방법에 관한 설명을 듣고 따라 해 보는 활동을 넣어서 원활한 언어 활동이 이루어지도록 운영한다.

5 정리 – 5분

1) 전통 놀이에는 무엇이 있는지 말해 보도록 한다.

2) 딱지 접는 방법을 친구에게 설명해 보도록 한다.

3단원 • 한복이 참 예쁘더라

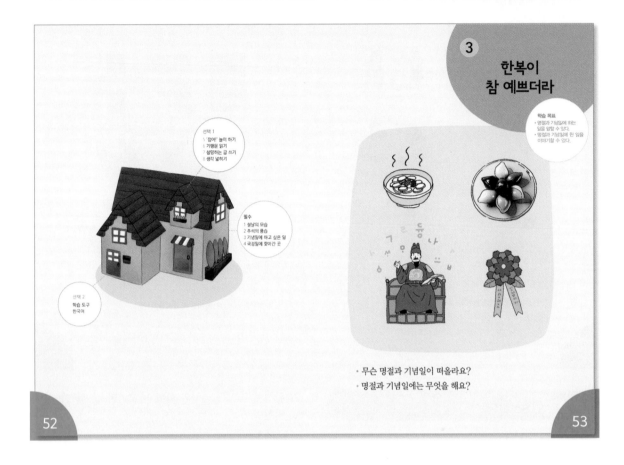

단원의 개관

이 단원의 목표는 학생들이 명절 풍습과 기념일에 관한 어휘를 학습하는 한편, 그와 관련된 경험을 표현하는 방법을 배우는 데 있다. 일상생활 및 학교생활에서 명절 및 기념일과 관련된 장면 및 내용을 학습함으로써 의사소통 능력을 향상시킬 수 있다.

학습 목표	• 명절과 기념일에 하는 일을 말할 수 있다. • 명절과 기념일에 한 일을 이야기할 수 있다.						
주제	장면		기능	문법	어휘	문화	담화 유형
	일상생활	학교생활					
명절과 기념일	추석과 설날	여러 가지 기념일	경험 말하기 설명하기	−더라 −는데 −곤 하다 −었던	명절 풍습 및 기념일 관련 어휘	명절 인사	대화 설명문 기행문 백과사전
	부모님 나라의 명절	국경일 행사					

● 차시 전개 과정

차시	차시 제목	성격	학습 내용	교재 쪽수	익힘책 쪽수
1	설날의 모습	필수	• 설날의 모습을 관찰하고 명절에 하고 싶은 일과 그 까닭을 말할 수 있다.	54	40
2	추석의 풍습	필수	• 글을 읽고 추석의 풍습을 간단히 설명할 수 있다.	56	44
3	기념일에 하고 싶은 일	필수	• 기념일에 한 일과 하고 싶은 일을 쓸 수 있다.	58	46
4	국경일에 찾아간 곳	필수	• 국경일에 겪은 일을 간단하게 쓰고 이야기할 수 있다.	60	48
5	'접어!' 놀이 하기	선택	• 명절과 기념일에 하는 일을 주제로 이야기할 수 있다.	62	-
6	기행문 읽기	선택	• 기행문을 읽고 기념일에 관련된 경험을 설명할 수 있다.	64	-
7	설명하는 글 쓰기	선택	• 부모님 나라의 명절에 대해 조사하고 발표할 수 있다.	66	-
8	생각 넓히기	선택	• 세배하는 방법과 주의할 점을 익히고 바른 자세로 세배할 수 있다.	68	-

● 단원 지도상의 유의점

◆ 〈의사소통 한국어〉 교재의 특성상 단어, 표현, 문법을 분리하여 명시적으로 학습하지 않는다. 주어진 장면과 상황 안에서 그림과 사진을 통해 어휘 및 표현을 이해하고 제시된 대화나 활동으로 문법을 이해할 수 있도록 교수한다.

◆ 마지막 활용 문항에서는 매 차시 배운 어휘나 문법을 활용해 차시별 학습 주제를 2~3문장 이상의 복문으로 말하거나 쓸 수 있도록 지도한다.

◆ 이 단원에서는 한국의 명절 중 '설날', '추석', 기념일은 '어린이날', '어버이날', 국경일은 '광복절', '한글날'을 대표로 선정했다. 다양한 명절 및 기념일에 관한 학습을 위해 달력을 활용하거나 국립민속박물관의 '한국민속대백과사전(folkency.nfm.go.kr)'의 자료들을 활용할 수 있다.

◆ 필수 차시에서 제시되는 어휘나 표현의 반복 연습이나 문법의 활용형 연습에는 익힘책을 활용하도록 한다.

1차시 설날의 모습

· 주요 학습 내용

어휘
설날, 그네, 한복, 널뛰기, 연날리기, 윷놀이, 떡국, 차례,
입다, 지내다

문법 및 표현
-더라

준비물
듣기 자료

· 학습 목표
· 설날의 모습을 관찰하고 명절에 하고 싶은 일과 그 까
닭을 말할 수 있다.

1 도입 – 3분

1) 단원 도입의 명절과 기념일이 연상되는 그림을 보고
질문한다.

🔵 무엇이에요? 이 음식을 먹은 적 있어요? 무슨 명절이 떠
올라요?

🔵 누구예요? 들어 본 적 있어요? 무슨 기념일이 떠올라요?

🔵 무엇이라고 쓰여 있어요? 누구에게 드리는 꽃 같아요?
무슨 기념일이 떠올라요?

2) 학습 목표와 관련된 질문을 한다.

🔵 설날이나 추석 같은 명절에 무엇을 했어요?

🔵 한글날이나 어버이날 같은 기념일에 무엇을 했어요?

3) 이번 단원을 배우면 명절이나 기념일에 한 일에 대해
말할 수 있다고 설명한다.

4) 1번 그림을 보면서 단원 도입과 연계하여 질문한다.

🔵 보거나 해 본 적이 있어요? 가리켜 보세요.

🔵 이름이 뭐예요? 어떻게 하는 거예요?

5) 차시 목표와 함께 오늘 배울 내용을 안내한다.

🔵 설 명절에 하는 일에 대해 배워 볼 거예요.

🔵 설날에 하고 싶은 일과 그 까닭을 말해 볼 거예요.

2 제시, 설명 – 15분

1) 1번 그림을 보고 누가 무엇을 하고 있는지 말해 본다.

※ 유의점: 제시 어휘는 기본형으로 보여 주고 말할 때는 '-고
있어요'형으로 답하게 한다.

어휘 지식

설날 [설ː랄]	한국의 명절의 하나. 음력 1월 1일로 아침에 가족과 친척들 이 모여 차례를 지내고 어른들께 세배를 올린다.
그네 [그ː네]	길게 늘어뜨린 두 줄에 발판이나 앉을 자리를 달아 거기에 타서 몸을 앞뒤로 왔다 갔다 흔들게 하는 놀이 기구. 🔴 아이는 놀이터에서 그네를 타다가 그네에서 떨어져 무 릎을 다쳤다. 그가 뒤에서 그네를 힘차게 밀자 그네에 탄 아이는 신 이 나서 소리를 질러 댔다.

---

1 설날의 모습

1. 설날의 모습입니다. 보고 이야기해 봅시다.

넘뛰기를 하다

그네를 타다

연날리기를 하다

한복을 입다

윷놀이를 하다

떡국을 먹다

차례를 지내다

1) 누가 무엇을 하고 있어요? 친구와 말해 보세요.

2) 그림과 비슷한 일을 한 적이 있는지 말해 보세요.

사람들이 널뛰기를
하고 있어.

54

한복 [한ː복]	한국의 전통 의복. 🔴 어머니는 결혼식에 입고 가시려고 한복을 맞추셨다. 설날은 친척들이 모이는 명절이라 한복 차림으로 큰집 에 갔다.
널뛰기 [널ː뛰기]	긴 널빤지의 중간을 받쳐 놓고 양쪽 끝에 한 사람씩 올라서 서 번갈아 뛰어오르는 한국의 전통 놀이. 🔴 널뛰기는 한국의 전통 놀이 중의 하나로 부녀자들이 즐 겨 했다. 옛날 한국의 여성들은 명절이면 널뛰기와 그네뛰기 같 은 전통 놀이를 했다.
연날리기	바람을 이용하여 연을 하늘 높이 띄움. 또는 그런 놀이. 🔴 연을 가장 높이 날린 민준이는 연날리기 대회에서 우승 을 했다. 아이들은 각자 만든 연을 가져와서 운동장에서 연날리 기를 하며 놀았다.
윷놀이 [윤ː노리]	편을 갈라 교대로 윷을 던져 윷판 위의 말을 움직여 승부를 겨루는 놀이. 🔴 우리 가족은 정월에는 이렇게 함께 모여 윷놀이를 한다. 아버지는 윷놀이를 하기 위해 윷가락을 꺼내고, 달력 한 장을 찢어 말판을 그렸다.
떡국 [떡꾹]	가래떡을 얇게 썰어 맑은 국에 넣고 끓인 음식. 🔴 떡국에 달걀, 김 등을 올려 먹으면 더 맛있다. 설날 아침에는 떡국을 먹어야 복을 받는다는 속설이 있다.
차례	추석이나 설날 등의 낮에 지내는 제사. 🔴 추석 아침, 우리는 차례를 지낸 후 성묘를 하러 갔다. 어머니와 숙모는 차례 때 쓸 음식들을 준비하느라 분주 하셨다.

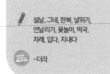

설날, 그네, 한복, 널뛰기,
연날리기, 윷놀이, 떡국,
차례, 입다, 지내다

-더라

2. 그림을 보고 질문에 답해 봅시다.

1) 듣고 알맞은 번호를 써 보세요. 🔊 10

한복은 참 예뻐.

연날리기는 정말 신나.

윷놀이는 매우 재미있어.

2) 그림을 가리키며 친구와 다음과 같이 이야기해 보세요.

너도 떡국 먹어 봤어?

아니, 안 먹어 봤어.

나는 지난 설날에 먹었어. 맛있더라.

3. 설날에 하고 싶은 일과 그 까닭을 다음과 같이 말해 봅시다.

넌 설날에 뭘 하고 싶어?

난 한복을 입어 보고 싶어.

왜 입어 보고 싶어?

지난번에 봤는데 참 예쁘더라.

3. 한복이 참 예쁘더라 • 55

55

	조건	형태	예시
①	동사 및 형용사 어간 끝음절의 받침 유무에 관계없이	-더라	먹-+-더라 → 먹더라 입-+-더라 → 입더라
②	이다, 아니다	-더라	떡국이-+-더라 → 떡국이더라
③	'이다' 앞의 명사에 받침이 없으면	명사+ -더라	그네이-+-더라 → 그네더라

· ① 보조사 '요'가 뒤에 올 수 없다.
  에 아침에 눈이 많이 왔더라요.(✕)
  ② 주어가 2, 3인칭일 때 주로 사용한다.
  에 나는 주말에 친구를 만나더라.(✕)
    철수는 주말에 친구를 만나더라.(○)
  ③ 사람의 심리나 기분, 감정을 나타내는 경우에는 반드시 주어가 말하는 사람이어야 한다.
  에 나는 친구를 만나 반갑더라.(✕)
    윤정이는 친구를 만나 반갑더라.(○)
  ④ 말하는 사람이 직접 경험한 일에만 쓸 수 있다.
  에 내가 보니까, 철수가 영희와 종로를 걷더라.(✕)
    민수에게 들으니까, 철수가 영희와 종로를 걷더라.(○)

③ 연습 - 8분

1) 2번 그림을 보고 무엇인지 말해 보도록 한다.

2) 그림을 가리키며 설날에 사람들이 무엇을 하는지 말해 보도록 한다.

3) 그림을 가리키며 사람들이 설날에 하는 일을 '-더라'를 넣어 말해 보도록 한다.

④ 적용 - 12분

1) 친구와 돌아가며 설날에 하고 싶은 일과 그 까닭을 이야기해 보도록 한다.

2) 지난 설날에 한 일에 대해 이야기해 보도록 한다.

  진 지난 설날에 한 일에 대해 친구와 이야기해 보세요.

3) 설날에 한 일에 대한 자신의 느낌을 이야기해 보도록 한다.

  ※ 다른 활동: 윷놀이와 같은 간단한 놀이 활동을 병행하여 활동을 진행할 수 있다.

⑤ 정리 - 2분

1) 익힘책 40~43쪽을 풀게 한다.

2) 그림이나 사진을 제시하고 알맞은 어휘와 표현으로 말해 보도록 한다.

  진 사람들이 무엇을 하고 있어요?

3) 설날에 하고 싶은 일을 까닭과 함께 말하도록 한다.

4) 다음 차시 예고를 한다.

입다	옷을 몸에 걸치거나 두르다. 에 그는 검정 바지에 하얀 와이셔츠를 입고 있었다. 오늘은 날씨가 춥다고 하니 옷을 두껍게 입고 나가야겠다.
지내다	결혼이나 제사 등의 행사나 의식을 치르다. 에 제사를 지내다. 그들도 이미 혼례를 지냈으니 어엿한 부부가 되었다.

2) 제시된 그림과 비슷한 일을 해 본 적이 있는지 말해 본다.

3) 듣기 자료를 듣고 알맞은 그림에 번호를 쓰도록 한다.

4) 그림을 가리키며 '-더라'를 넣어 말해 보도록 한다.

5) 두 친구가 대화하듯이 친구와 역할을 나누어 이야기해 보도록 한다.

문법 지식

-더라

· 과거에 직접 경험하여 새롭게 알게 된 사실을 지금 전달함을 나타내는 종결 어미. 동사나 형용사 '이다, 아니다'에 붙어 말하는 사람이 과거에 직접 경험하여 새롭게 알게 된 사실을 지금 상대방에게 말하면서 그 사실에 주목함을 나타낼 때 사용한다.

· **주요 학습 내용**

> 어휘
> 추석, 풍습, 명절, 농사, 거두다, 곡식, 송편, 빚다, 씨름, 겨루다
> 문법 및 표현
> -는데

· **학습 목표**
· 글을 읽고 추석의 풍습을 간단히 설명할 수 있다.

① 도입 – 3분

1) 1번 그림을 보며 무엇을 배울지 예상하게 한다.
   📘 사람들이 무엇을 하고 있어요? 본 적이 있어요?

2) 차시 목표와 함께 오늘 배울 내용을 안내한다.
   📘 추석 명절에는 사람들이 무엇을 할까요?
   📘 추석에 대해 설명하는 글을 읽고 추석의 풍습에 대해 배워 볼 거예요.

② 제시, 설명 – 18분

1) 1번 추석의 풍습에 대한 설명을 읽도록 한다.
   📘 추석의 풍습을 설명하는 글을 읽어 보세요.
   📘 친구와 함께 한 문장씩 번갈아 가며 큰 소리로 읽어 보세요.

2) 내용을 확인하는 질문에 답하도록 한다.
   📕 추석은 어떤 날이에요?

3) 제시된 그림을 가리키는 알맞은 말을 찾아서 쓰도록 한다.
   📘 (차례를 지내다) 추석에는 음식을 만들어 조상에게 무엇을 하나요?
   📘 (송편을 빚다) 쌀가루를 반죽하여 무엇을 둥글게 빚나요?
   📘 (곡식을 거두다) 가을에는 곡식을 어떻게 하나요?
   📘 (씨름을 하다) 추석에는 두 사람이 서로 힘을 겨루며 무엇을 하나요?

> **어휘 지식**
>
> | 추석 | 한국의 명절의 하나. 음력 8월 15일로 햅쌀로 빚은 송편과 햇과일 등의 음식을 장만하여 차례를 지낸다. 또한 씨름, 줄다리기, 강강술래 등의 민속놀이를 즐긴다. |
> |---|---|
> | 풍습 | 풍속과 습관.
🔵 내가 태어난 나라에는 사람들이 꼭 낮잠을 자는 풍습이 있었다. |
> | 명절 | 설이나 추석 등 해마다 일정하게 돌아와 전통적으로 즐기거나 기념하는 날.
🔵 우리 엄마는 명절이 되면 할 일이 많아서 스트레스를 많이 받으신다.
우리 가족은 명절이 되면 시골에 계신 할머니 댁에 간다. |

---

② 추석의 풍습

1. 추석의 풍습입니다. 글을 읽고 질문에 답해 봅시다.

추석은 설날과 더불어 한국의 가장 큰 명절 중의 하나입니다. 추석은 농사를 지어 가을에 거둔 곡식에 대해 감사하는 날입니다. 사람들은 곡식으로 음식을 만들어 조상에게 차례를 지냅니다.

추석에는 다양한 풍습이 있습니다. 먼저 음식과 관련된 풍습이 있습니다. 추석에는 송편을 빚는데 쌀가루로 둥글게 만듭니다.

또한 놀이와 관련된 풍습도 있습니다. 추석에는 씨름을 하는데 씨름은 두 사람이 서로 힘을 겨루는 놀이입니다.

추석에는 음식을 만들어 먹고 놀이도 합니다. 이러한 풍습은 가족, 친척, 마을 사람들을 하나로 묶어 줍니다.

농사	곡식이나 채소 등을 심고 기르고 거두는 일. 🔵 올해는 비가 자주 내리지 않아서 농사를 망쳤다. 부모님은 직장을 그만두신 후 시골로 내려가 농사를 지으신다.
거두다	익은 곡식이나 열매를 모아서 가져오다. 🔵 열매를 거두다. 밭이 워낙 넓어서 익은 고추를 거두는 데도 오래 걸릴 것 같다.
곡식	쌀, 보리, 밀, 옥수수 등 주로 주식으로 쓰이는 먹거리. 🔵 우리가 먹는 곡식은 농민들이 땀 흘려서 가꾼 것이다. 곡식이 익은 황금 들판을 보니 안 먹어도 배가 부른 느낌이야.
송편	쌀가루를 반죽하여 팥, 콩, 깨 등에서 하나를 골라 안에 넣고 반달 모양으로 빚어서 솔잎을 깔고 찐 떡. 🔵 추석이 되면 우리 가족은 둘러앉아 함께 송편을 빚는다. 요즘에는 추석이 되어도 송편을 손수 빚어 먹는 집이 많지 않다.
빚다	곡물 가루를 반죽하여 음식을 만들다. 🔵 송편을 빚다. 우리 집은 설이 되면 떡국에 넣을 만두를 집에서 직접 빚는다.
씨름	두 사람이 서로 상대의 샅바를 잡고 기술이나 힘을 겨루어 먼저 넘어뜨리는 쪽이 이기는 한국의 민속 운동. 🔵 힘이 센 승규는 씨름 경기에 나가 우승을 차지했다.
겨루다	누가 더 힘이 센지, 누가 더 뛰어난지 드러나도록 싸우다. 🔵 전국 체육 대회에서 많은 육상 선수들이 승부를 겨루고 있다.

추석, 풍습, 명절, 농사, 거두다, 곡식, 송편, 빚다, 씨름, 겨루다

-는데

1) 추석은 어떤 날인지 말해 보세요.

2) 알맞은 말을 〈보기〉에서 찾아 빈칸에 써 보세요.

〈보기〉 · 곡식을 거두다 · 씨름을 하다 · 차례를 지내다 · 송편을 빚다

2. 추석의 풍습을 아래와 같이 이어 써 봅시다.

추석에는 씨름을 합니다. ✚ 씨름은 두 사람이 서로 힘을 겨루는 놀이입니다.

➡ 추석에는 씨름을 하는데 씨름은 두 사람이 서로 힘을 겨루는 놀이입니다.

추석에는 송편을 빚습니다. ✚ 송편은 쌀가루로 둥글게 만듭니다.

➡ _____

3. 추석의 풍습에 대해 이야기해 봅시다.

추석에는 무엇을 먹어요?

추석에는……

추석에는 무엇을 하고 놀아요?

3. 한복이 참 예쁘더라 • 57

57

문법 지식

-는데

· 배경이나 상황 제시를 나타내는 연결 어미.
동사나 형용사 '이다, 아니다'에 붙어 뒤 절의 사실에 대해 앞 절이 배경이 되거나 상관되는 상황이 됨을 나타낸다. 뒤 절에서 서술하거나 질문하거나 시키거나 제안하기에 앞서서 관련 배경이나 상황을 설명할 때 주로 사용한다.

	조건	형태	예시
①	동사 어간 끝음절의 받침 유무에 관계없이	-는데 (단, 'ㄹ' 받침으로 끝날 때는 'ㄹ'이 탈락)	먹-+-는데 → 먹는데 쓰-+-는데 → 쓰는데 살-+-는데 → 사는데 밀-+-는데 → 미는데
②	형용사 어간 끝음절에 받침이 있으면	-은데	좋-+-은데 → 좋은데 많-+-은데 → 많은데
③	형용사 어간 끝음절에 받침이 없거나 'ㄹ'받침으로 끝나면	-ㄴ데 (단, 'ㄹ' 받침으로 끝날 때는 'ㄹ'이 탈락)	크-+-ㄴ데 → 큰데 아프-+-ㄴ데 → 아픈데 멀-+-ㄴ데 → 먼데 힘들-+-ㄴ데 → 힘든데
④	이다, 아니다	-ㄴ데	책이-+-ㄴ데 → 책인데 송편이-+-ㄴ데 → 송편인데

· 불규칙
맵- 예 김치가 매운데 먹어 볼래요?
빨갛- 예 얼굴이 빨간데 감기에 걸린 거 아니에요?

4 적용 - 12분

1) 1번 글을 다시 읽고 추석의 풍습에 대해 간단하게 써 보도록 한다.

2) 간단하게 요약하여 쓴 내용을 친구들 앞에서 발표해 보도록 한다.

3) 친구가 발표한 내용과 내가 쓴 내용을 비교하도록 한다.

4) 2번에서 두 문장을 어떻게 이어 썼는지 살펴보도록 한다.

5) '-는데'를 넣어 두 문장을 이어 쓰도록 한다.

6) 이어 쓴 문장을 큰 소리로 읽도록 한다.

3 연습 - 5분

1) 그림을 제시하고 무엇을 하는 장면인지 말하도록 한다.

2) 두 문장을 제시하고 '-는데'를 사용하여 한 문장으로 써 보도록 한다.

   ⓢ 추석은 농사를 지어 가을에 거둔 곡식에 대해 감사하는 날입니다. 추석에는 곡식으로 음식을 만들어 조상에게 차례를 지냅니다.

3) '-는데'가 쓰인 문장을 두 문장으로 나누어서 말하도록 한다.

   ⓢ 추석에는 씨름을 합니다. 씨름은 두 사람이 서로 힘을 겨루는 놀이입니다.

   ⓢ 추석에는 송편을 빚는데 쌀가루로 둥글게 만듭니다.

5 정리 - 2분

1) 익힘책 44~45쪽을 풀게 한다.

2) 그림이나 사진을 제시하고 알맞은 어휘와 표현으로 말해 보도록 한다.

   ⓢ 사람들이 무엇을 하고 있어요?

3) 학습한 어휘와 표현을 사용해서 두 문장을 이어서 쓰도록 한다.

   ⓢ 어제는 인사동에 갔어요. 인사동에는 한국의 전통 물건들이 많이 있었어요.

   ⓢ 저는 요즘에 한국어를 공부해요. 한국어는 어렵지만 재미있어요.

4) 다음 차시 예고를 한다.

3차시 기념일에 하고 싶은 일

· 주요 학습 내용

어휘
기념일, 어린이날, 선물, 어버이날, 체육 대회, 집안일, 돕다, 카네이션
문법 및 표현
-곤 하다
준비물
듣기 자료

· 학습 목표
· 기념일에 한 일과 하고 싶은 일을 쓸 수 있다.

1 도입 – 3분

1) 차시 제목과 1번의 그림을 통해 무엇을 배울지 예상하
도록 한다.
　신 달력에 표시된 날짜는 무슨 날인가요?
　신 어린이날과 어버이날에는 무엇을 해요?

2) 차시 목표와 함께 오늘 배울 내용을 안내한다.
　신 어린이날과 어버이날에 주로 한 일에 대해 말해 볼 거예요.
　신 기념일에 하고 싶은 일을 쓰고 내 생각을 친구와 나눠 볼
거예요.

2 제시, 설명 – 18분

1) 1번 그림을 보며 어린이날에 하는 일을 말하도록 한다.
　신 (놀이공원에 가다) 리암이 어디에 가요?
　신 (선물을 받다) 리암이 부모님께 무엇을 받아요?
　신 (체육 대회를 하다) 리암이 무엇을 해요?

2) 1번 그림을 보며 어버이날에 하는 일을 말하도록 한다.
　신 (집안일을 돕다) 지민이는 무엇을 도와요?
　신 (노래를 불러 드리다) 지민이는 부모님께 무엇을 불러 드
려요?
　신 (카네이션을 접어서 드리다) 지민이와 친구들은 부모님께
무엇을 해서 드려요?
　※ 유의점: 제시 어휘는 기본형으로 보여 주고 말할 때는 '-어/
아요'형으로 답하게 한다.

어휘 지식	
기념일	특별한 일이 있을 때, 해마다 그 일이 있었던 날을 잊지 않고 떠올리는 날. 예 기념일을 축하하다. 개교 기념일을 맞이하여 기념 방송이 있었다.
어린이날	어린이의 행복을 위해 정한 기념일로 5월 5일이다. 예 그는 어린이날에 아이들과 함께 놀이동산에 갔다. 어린이날이 한 주 앞으로 다가오자 아이들은 한껏 들떠 있었다.

3 기념일에 하고 싶은 일

1. 기념일에 하는 일에 대해 친구와 이야기해 봅시다.

놀이공원에 가다　　　　선물을 받다　　　　체육 대회를 하다

1) 무슨 기념일인지 말해 보세요.

2) 기념일에 무엇을 하는지 말해 보세요.

어린이날　　　어린이날에는 놀이공원에 가요.　　　어버이날

어버이날에는 집안일을 도와요.

2. 듣고 이야기해 봅시다.

1) 잘 듣고 리암이 올해 하고 싶은 일을 말해 보세요. 🔊11

58 · 의사소통 한국어 4

58

선물	고마움을 표현하거나 어떤 일을 축하하기 위해 다른 사람에게 물건을 줌. 또는 그 물건. 예 승규는 아버지에게 고등학교 입학 선물로 컴퓨터를 받았다. 생일 선물.
어버이날	아버지와 어머니의 사랑과 은혜에 감사하기 위해 정한 기념일로 5월 8일이다. 예 부모님께 빨간 카네이션을 달아 드린다.
체육 대회	규모가 큰 운동회. 예 형은 시내 체육 대회의 육상 부문에서 금메달을 땄다. 체육 대회에 참석하다.
집안일	청소나 빨래, 요리 등 집 안에서 하는 일. 예 어머니는 집안일을 일찍 끝내시고 꽃꽂이를 배우러 다니신다. 주말에 아내를 대신해 집안일을 해 보니 아내가 얼마나 고생하는지 알 수 있었다.
돕다	남이 하는 일을 거들거나 보탬이 되는 일을 하다. 예 어머니는 나와 형에게 집에서 쉬는 날이면 집안일을 좀 도우라고 하셨다. 승규가 오늘 이사하는데 이삿짐 나르는 것을 좀 도와 달라고 부탁했거든요.

기념일, 어린이날, 선물,
어버이날, 체육 대회,
집안일, 돕다, 카네이션

-곤 하다

집안일을 돕다

노래를 불러 드리다

카네이션을 접어서 드리다

2) 친구와 〈보기〉처럼 이야기해 보세요.

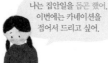

어버이날에는 주로
무엇을 했어?

나는 집안일을 돕곤 했어.
이번에는 카네이션을
접어서 드리고 싶어.

〈보기〉   ① 어린이날/선물을 받다/놀이공원에 가다
        ② 어버이날/노래를 불러 드리다/집안일을 돕다

3. 기념일에 하고 싶은 일을 써 봅시다.

곧 있으면 어버이날이에요.
우리 형제는 어버이날에 카네이션을 접어서
드리곤 했어요. 이번에는 집안일을 돕고 싶어요.

3. 한복이 참 예쁘더라 • 59

59

3) 듣기 자료를 듣고 질문에 답하도록 한다.
   선 리암과 지민이가 이야기를 하고 있어요. 리암은 무슨 날을 기다리고 있어요?
   선 리암은 어린이날에 주로 무엇을 했어요?
   선 리암은 올해 무엇을 하고 싶어 해요?

4) 두 문장을 들려주고 '-곤 하다'를 넣어 한 문장으로 말해 보도록 한다.
   선 지민이는 매해 어버이날이 되면 집안일을 도왔습니다. 지민이는 작년에도 집안일을 도왔습니다.
   선 리암은 어버이날에 무엇을 했어요?

문법 지식

-곤 하다
· 동사 뒤에서 '-고는 하다', '-곤 하다'의 구성으로 앞말이 뜻하는 행동을 습관처럼 하거나 앞말이 뜻하는 상황이 반복되어 일어남을 나타낸다.

3 연습 – 5분

1) 리암과 지민이가 기념일에 각각 무엇을 했는지 번갈아 가며 말하도록 한다.
   선 리암이 어린이날에 무엇을 했는지 말해 보세요.
   선 지민이가 어버이날에 무엇을 했는지 말해 보세요.

2) 기념일에 주로 무엇을 하는지 '-곤 하다'를 넣어 말해 보도록 한다.

3) 짝과 역할을 나누어 묻고 답해 보도록 한다.

4 적용 – 12분

1) 기념일에 주로 무엇을 했는지 친구들과 이야기해 보도록 한다.

2) 이번 기념일에 하고 싶은 일을 말해 보도록 한다.

3) 기념일에 무엇을 했는지, 또 다가오는 기념일에 무엇을 하고 싶은지를 '-곤 하다'를 넣어서 쓰도록 한다.

4) 쓴 내용을 친구들 앞에서 발표하도록 한다.
   ※ 다른 활동: 학습의 실효성을 높이기 위해 계획한 활동을 실제로 하고 그 경험을 공유하는 활동을 진행할 수 있다.

5 정리 – 2분

1) 익힘책 46쪽을 풀게 한다.
   선 1번 활동의 기념일에 하는 일을 큰 소리로 읽어 보세요.
   선 그림과 어울리는 알맞은 말을 찾아 연결해 보세요.

2) 익힘책 47쪽을 풀게 한다.
   선 2번 활동의 '덮이곤 해요'와 같이 '-곤 하다'를 넣어 낱말을 고쳐 써 보세요.
   선 3번 기념일에 하는 일을 알맞게 연결해 보세요.
   선 연결된 내용을 보고 〈보기〉와 같이 써 보세요.

3) 기념일에 하는 일에 대해 말하도록 한다.
   선 5월 달력에 무슨 기념일이 표시되어 있었어요?
   선 기념일에 무엇을 할 수 있어요?

4) 학습한 어휘와 표현을 사용해서 기념일에 주로 하는 일을 말하도록 한다.
   선 생일처럼 기억에 남는 기념일이 있어요?
   선 기념일에 주로 무엇을 하곤 했어요?

5) 다음 차시 예고를 한다.

4차시 국경일에 찾아간 곳

· **주요 학습 내용**

> **어휘**
> 국경일, 광복절, 광화문, 기념행사, 태극기, 애국가, 한글날, 박물관, 꾸미다
> **문법 및 표현**
> -었던

· **학습 목표**

· 국경일에 겪은 일을 간단하게 쓰고 이야기할 수 있다.

1 도입 - 3분

1) 1번 그림을 통해 무엇을 배울지 예상하도록 한다.
   - 🗣 어디인가요? 가 본 적이 있나요?
   - 🗣 광복절과 한글날을 들어 본 적이 있나요?

2) 차시 목표와 함께 오늘 배울 내용을 안내한다.
   - 🗣 광복절과 한글날에 한 일에 대해 말해 볼 거예요.
   - 🗣 국경일에 하고 싶은 일을 쓰고 내 생각을 친구와 나눠 볼 거예요.

2 제시, 설명 - 18분

1) 그림을 보며 광복절에 성우가 한 일에 대해 말하도록 한다.
   - 🗣 (광화문에 가다) 성우는 광복절에 어디에 갔어요?
   - 🗣 (기념행사를 보다) 성우가 광화문 광장에서 무엇을 봤어요?
   - 🗣 (태극기를 그리다) 성우가 광화문 광장에서 무엇을 그렸어요?
   - 🗣 (애국가를 부르다) 성우가 광화문 광장에서 무엇을 불렀어요?

2) 그림을 보며 한글날에 아이다가 한 일을 말하도록 한다.
   - 🗣 (한글박물관에 가다) 아이다는 한글날에 어디에 갔어요?
   - 🗣 (글자로 이름을 만들다) 아이다는 한글박물관에서 무엇을 만들었어요?
   - 🗣 (한글을 예쁘게 꾸미다) 아이다는 한글을 가지고 무엇을 했어요?

   ※ 유의점: 제시 어휘는 기본형으로 보여 주고 말할 때는 '-었어요/았어요'형으로 답하게 한다.

어휘 지식

국경일 [국껑일]	나라의 경사를 기념하기 위해 법으로 정하여 축하하는 날. 예 국경일에는 집집마다 태극기를 달아 그날을 기념한다. 우리나라는 삼일절, 제헌절, 광복절, 개천절, 한글날을 국경일로 정하고 있다.
광복절 [광복쩔]	한국이 일본의 식민지 지배에서 벗어난 것을 기념하기 위한 국경일. 대한민국 정부 수립을 기념하는 것이기도 하다. 8월 15일이다.
한글날 [한:글랄]	세종대왕이 훈민정음을 창제하고 보급한 것을 기념하는 국경일. 10월 9일이다.

---

④ 국경일에 찾아간 곳

1. 국경일에 무엇을 했는지 이야기해 봅시다.

나는 작년 광복절에 광화문 광장에 갔어요.

기념행사를 보다
태극기를 그리다
애국가를 부르다

1) 누가, 언제, 어디를 갔는지 말해 보세요.

2) 성우가 어디에서 무엇을 했는지 〈보기〉와 같이 말해 보세요.

〈보기〉 성우는 광화문 광장에서 기념행사를 봤어요.

기념행사	어떤 일을 기념하기 위한 행사. 체육 대회, 강연회, 전시회, 공연, 좌담회 따위가 있다. 예 회사 창립 100주년을 맞아 다채로운 기념행사가 열렸다. 기념행사라도 있는지 제트기들은 공중에서 꼬리 연기도 아름답게 편대 선회를 하고 있었다.
태극기 [태극끼]	대한민국의 국기. 예 경기장에 입장하는 한국 선수단의 가슴에는 태극기가 있었다. 지수는 회의장에 걸린 세계 각국의 국기 중에서 태극기를 발견했다.
애국가 [애:국까]	대한민국의 국가. 예 애국가는 나라를 사랑하는 마음을 가지도록 하기 위해 만들어진 노래이다. 애국가가 울려 퍼지자 나는 다시 한번 내가 한국인이라는 사실이 자랑스럽게 느껴졌다.
박물관 [방물관]	유물이나 예술품을 수집, 보관, 전시하여 사람들이 보거나 연구할 수 있게 하는 시설. 예 지수는 역사에 관심이 많아 여행할 때는 꼭 그 지역의 박물관을 구경한다.
꾸미다	모양이 좋아지도록 손질하다. 예 나는 곧 태어날 아기를 위해 방을 아기자기하게 꾸몄다. 무대를 꾸미다.

국경일, 광복절, 광화문, 기념행사, 태극기, 애국가, 한글날, 박물관, 꾸미다

-었던

글자로 이름을 만들다

한글을 예쁘게 꾸미다

나는 작년 한글날에 한글박물관에 갔어요.

2. 그림을 가리키며 〈보기〉처럼 이야기해 봅시다.

우리 지난 한글날에 어디를 갔지?

〈보기〉

한글박물관에 갔어.

한글박물관에 가서 무엇을 했지?

한글을 예쁘게 꾸몄던 기억이 나.

3. 겪은 일을 쓰고 친구와 말해 봅시다.

내 생일날에 집에서 축하 잔치를 했던 적이 있어.

정말? 나는 생일에 감기에 걸려서 아팠던 기억이 나.

3. 한복이 참 예쁘더라 • 61

61

---

3) 그림을 가리키며 누가, 언제, 어디를 갔는지 말해 보도록 한다.

4) 아이다의 말을 따라 읽고 질문에 답하도록 한다.

선 아이다는 작년에 어디에 갔어요?

선 아이다는 작년에 한글박물관에서 무엇을 했어요.

선 아이다는 무엇이라고 말했어요?

5) 아이다와 성우가 되어 국경일에 한 일을 '-었던'를 넣어 말해 보도록 한다.

문법 지식

-었던

· '-던'은 동사 등을 관형사형으로 바꾸어 명사를 수식하게 하며, 과거 상황을 회상함을 나타내거나 과거의 상황이 완료되지 않았음을 나타내는 전성 어미.

'-던'은 완료를 나타내는 어미 '-었-'과 함께 '-었던'으로 사용한다. 과거에 일어난 일이나 상태가 현재에도 지속되지 않고 단절되었음을 나타낸다.

예 어제 먹던 찌개를 오늘 또 먹었어요.
→ 어제 먹다가 남은 찌개를 오늘 또 먹었음을 뜻한다.
어제 먹었던 김밥을 오늘 또 먹었어요.
→ 어제 김밥을 먹었고 오늘도 그것과 같은 새 김밥을 먹었음을 뜻한다.

3 연습 – 5분

1) 1번의 그림을 보고 성우와 아이다가 무엇을 하고 있는지 말하도록 한다.

2) 친구와 역할을 나누어 성우와 아이다가 할 말을 '-었던'를 넣어 말하도록 한다.

4 적용 – 12분

1) 기억에 남는 기념일을 떠올려 간단하게 적도록 한다.

2) 읽은 내용을 확인하는 질문에 대답하도록 한다.

선 무슨 기념일이 떠올라요? 그 기념일은 언제예요?

선 기념일에 어디를 갔어요? 그곳에서 무엇을 했어요?

선 떠오르는 기념일을 종이에 간단하게 적어 보세요.

3) 기념일에 겪은 일 중 가장 기억에 남는 일을 떠올려 친구와 이야기하도록 한다.

4) 기억에 남는 일을 '-었던'을 넣어서 말하도록 한다.

5) 친구들 앞에서 기념일에 겪은 일을 말해 보도록 한다.

5 정리 – 2분

1) 익힘책 48~49쪽을 풀게 한다.

선 1번 활동의 성우의 글을 큰 소리로 읽어 보세요.

선 성우가 한 일을 생각하며 빈칸에 알맞은 말을 찾아 써 보세요.

선 아이다의 글을 읽고 빈칸에 알맞은 말을 찾아 써 보세요.

2) 익힘책 50~51쪽을 풀게 한다.

선 2번 활동의 '먹었던'과 같이 '-었던'을 넣어 낱말을 고쳐 써 보세요.

선 3번 활동의 〈보기〉와 같이 낱말을 바꾸어 써 보세요.

선 완성한 문장을 큰 소리로 읽어 보세요.

3) 기념일에 하는 일에 대해 말하도록 한다.

선 무슨 국경일에 대해 배웠어요?

선 성우와 아이다는 국경일에 어디를 갔어요?

4) 학습한 어휘와 표현을 사용해서 기념일에 주로 하는 일을 말하도록 한다.

5) 다음 차시 예고를 한다.

3단원 한복이 참 예쁘더라 • 51

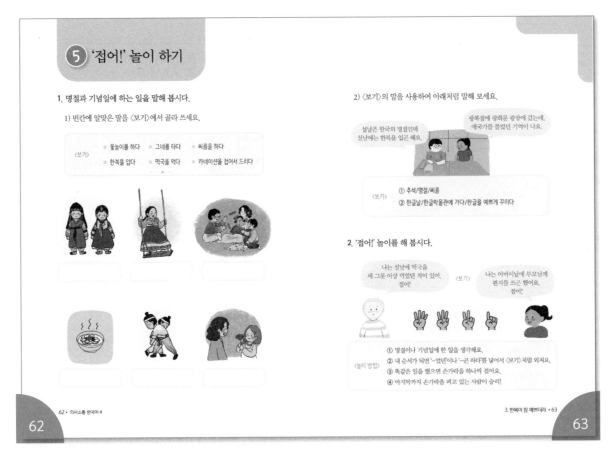

5차시 '접어!' 놀이 하기

· 학습 목표
· 명절과 기념일에 하는 일을 주제로 이야기할 수 있다.

1 도입, 듣기 전 - 3분

1) 한국의 명절에 대해 말하도록 한다.
   🔴 한국의 무슨 명절에 대해서 배웠어요?

2) 한국의 기념일에 대해 말하도록 한다.
   🔴 한국의 무슨 기념일에 대해서 배웠어요?
   🔴 한국의 무슨 국경일에 대해서 배웠어요?

2 듣기 - 5분

1) 1번 〈보기〉에 제시된 어휘들을 읽도록 한다.

2) 명절에 관한 그림 및 사진을 보고 무엇을 나타낸 것인지 말하도록 한다.

3) 기념일에 한 일을 읽고 무슨 기념일인지 쓰도록 한다.

3 말하기 - 15분

1) 그림을 보며 명절에 하는 일을 나타낸 두 문장을 듣도록 한다.
   🔴 설날은 한국의 명절입니다. 설날이 되면 한복을 입습니다.

🔴 추석은 한국의 명절입니다. 추석이 되면 씨름을 합니다.

2) 두 문장을 '-는데'와 '-곤 하다'를 넣어 한 문장으로 말하도록 한다.

3) 그림을 보며 추석과 한글날에 한 일을 말하도록 한다.

4) 주어진 낱말을 '-는데'와 '-었던'을 넣어 〈보기〉와 같이 말하도록 한다.

4 놀이하기 - 15분

1) 놀이 방법을 읽고 궁금한 점은 물어보도록 한다.

2) 운동에 알맞은 동작을 생각하며 '접어!' 놀이를 한다.

   ※ 다른 활동: 명절이나 기념일 외에도 학교 행사나 기억에 남는 일을 주제로 하여 놀이 활동을 진행할 수 있다.

5 정리 - 2분

1) 한국의 명절과 기념일에 대해 말하도록 한다.

2) 명절과 기념일에 한 일을 말하도록 한다.

⑥ 기행문 읽기

1. 아이다가 쓴 글을 읽고 질문에 답해 봅시다.

국립한글박물관을 다녀와서

저는 한글날에 항상 늦잠을 자곤 했어요. 한글날은 쉬는 날이기 때문이에요. 그러나 이번에는 친구 성우와 함께 국립한글박물관에 다녀왔어요.

국립한글박물관은 매우 컸어요. 볼 것도 많고 할 것도 많았어요. 성우는 한글 놀이터로 갔는데 낱말을 예쁘게 꾸미는 활동을 했어요. 저는 한글 배움터로 갔어요. 글자들을 붙여서 이름을 만들었는데 재미있었어요.

어느새 집에 갈 시간이 되어서 서둘러 나왔어요. 아쉬운 마음을 가진 채 집으로 돌아왔어요. 다음에 또 가고 싶어요.

1) 아이다와 성우가 언제, 어디로 갔는지 말해 보세요.

2) 아이다가 한 일을 말해 보세요.

2. 어디서 무엇을 했는지 붙임 딱지를 붙여 봅시다. 〔붙임 딱지〕

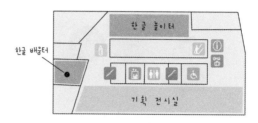

3. 다녀온 곳에 대해 말해 봅시다.

1) 질문에 답해 보세요.

> 언제 갔어요?　어디로 갔어요?　무엇을 했어요?

2) 다녀온 곳에 대해서 아래와 같이 말해 보세요.

> 한글날에 한글박물관에 갔는데 글자를 붙여서 이름을 만들었어요.

6차시　기행문 읽기

• 학습 목표

• 기행문을 읽고 기념일에 관련된 경험을 설명할 수 있다.

① 도입, 읽기 전 – 5분

1) 박물관이나 미술관에 갔던 경험을 이야기하도록 한다.

2) 글의 제목과 그림을 보고 글의 내용을 예측하도록 한다.

　선 어디인가요?

　선 성우와 아이다가 무엇을 하고 있어요?

　※ 유의점: 기행문은 여행하며 보고 듣고 느끼고 경험한 것을 적은 글이다.

② 읽기 중 – 15분

1) '국립한글박물관을 다녀와서'를 읽어 보게 한다.

2) 기행문을 읽고 물음에 답하도록 한다.

　선 아이다는 누구와 언제, 어디에 갔나요?

　선 아이다는 국립한글박물관에서 무엇을 했어요?

③ 읽기 후 – 10분

1) 기행문을 다시 읽고 아이다와 성우가 어디서 무엇을 했는지 물음에 답하도록 한다.

　선 (한글 놀이터) 국립한글박물관에서 성우는 어디로 들어갔

어요?

선 (낱말을 예쁘게 꾸미다) 한글 놀이터에서 성우는 무엇을 했어요?

선 (한글 배움터) 국립한글박물관에서 아이다는 어디로 들어 갔어요?

선 (글자로 이름을 만들다) 한글 배움터에서 아이다는 무엇을 했어요?

2) 아이다와 성우가 활동한 곳을 〔붙임 딱지〕로 붙여 보게 한다.

3) 아이다와 성우가 되어 느낀 점을 말하도록 한다.

④ 적용 – 7분

1) 자신이 다녀왔던 곳에 대해 질문에 답하게 한다.

　선 박물관이나 미술관에 다녀온 적이 있어요? 언제 갔어요?

　선 그곳에서 무엇을 했어요?

2) 다녀온 곳에 대해 친구와 돌아가며 이야기하도록 한다.

⑤ 정리 – 3분

1) 아이다와 성우가 국립한글박물관에서 무엇을 했는지 다시 정리해 보도록 한다.

2) 다녀온 곳에 대해 '-었던'을 넣어 말하도록 한다.

1. 요우타와 아빠의 대화를 듣고 물음에 답해 봅시다. 🔊 12

1) 아빠는 무슨 명절에 대해 말하고 있어요?

2) 일본 사람들은 무엇과 비슷한 음식을 먹는지 써 보세요.

2. 부모님 나라의 명절에 대해 써 봅시다.

1) 부모님께 무엇을 질문할지 읽어 보세요.

명절 이름은 뭐예요?

무엇을 먹어요? 뭐 하고 놀아요?

누구와 만나요?

2) 부모님 나라의 명절을 설명하는 글을 써 보세요.

3. 쓴 글을 친구들 앞에서 발표해 봅시다.

부모님 나라의 명절에 대해서 발표하겠습니다.

7차시 설명하는 글 쓰기

· **학습 목표**
· 부모님 나라의 명절에 대해 조사하고 발표할 수 있다.

1 도입, 듣기 전 – 5분

1) 부모님 나라에 대해 부모님과 이야기한 적이 있는지 말하도록 한다.

2) 부모님 나라에 대해 알고 있는 것을 친구와 이야기하도록 한다.

2 듣기 – 10분

1) 1번 그림을 보고 생각해 보게 한다.
   🔲 본 적이 있어요? 언제 먹는 음식인 것 같아요?

2) 두 그림을 비교해 보게 한다.
   🔲 같은 음식 같아요?
   🔲 먹어 본 적이 있어요?

3) 듣기 자료를 듣고 물음에 답하도록 한다.
   🔲 요우타의 아빠는 무엇에 대해 이야기하고 있어요?

3 쓰기 – 10분

1) 부모님 나라의 명절에 대해 무엇을 질문할지 떠올려 보도록 한다.

2) 부모님께 질문할 내용과 부모님과 이야기를 나누면서 알게 된 점을 적도록 한다.

   ※ 유의점: 가정에서 인터뷰 활동이 이루어지기 위해서는 별도의 활동 시간이 확보될 필요가 있다. 이때에는 질문 내용을 구성하는 학습을 필수 차시와 선택 차시 사이에 미리 진행하거나 선택 차시의 중간에 인터뷰 활동을 진행하는 등 유연하게 차시를 운용할 수 있다.

3) 쓴 글을 친구들 앞에서 발표하도록 한다.

4 적용 – 10분

1) 부모님 나라의 명절에 대해 쓴 글을 친구들 앞에서 발표하도록 한다.

2) 친구의 발표를 듣고 새롭게 알게 된 점을 간단하게 적도록 한다.

3) 친구의 발표를 듣고 궁금한 점이나 더 알고 싶은 점을 말하도록 한다.

   ※ 다른 활동: 학생들이 써 온 글에 대해 발표하는 활동으로 진행하거나 각자가 알게 된 내용을 바탕으로 학생들끼리 서로 인터뷰해 보는 활동으로 진행할 수 있다.

5 정리 – 5분

1) 부모님 나라의 명절에 대해 간단하게 말하도록 한다.

2) 새롭게 알게 된 외국의 명절에 대해 간단하게 말하도록 한다.

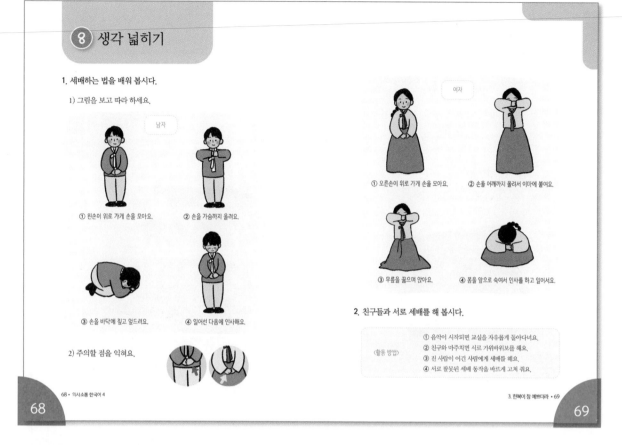

8 생각 넓히기

1. 세배하는 법을 배워 봅시다.

1) 그림을 보고 따라 하세요.

남자

① 왼손이 위로 가게 손을 모아요.

② 손을 가슴까지 올려요.

③ 손을 바닥에 짚고 엎드려요.

④ 일어선 다음에 인사해요.

2) 주의할 점을 익혀요.

여자

① 오른손이 위로 가게 손을 모아요.

② 손을 어깨까지 올려서 이마에 붙여요.

③ 무릎을 꿇며 앉아요.

④ 몸을 앞으로 숙여서 인사를 하고 일어서요.

2. 친구들과 서로 세배를 해 봅시다.

〈활동 방법〉
① 음악이 시작되면 교실을 자유롭게 돌아다녀요.
② 친구와 마주치면 서로 가위바위보를 해요.
③ 진 사람이 이긴 사람에게 세배를 해요.
④ 서로 잘못된 세배 동작을 바르게 고쳐 줘요.

68 • 의사소통 한국어 4

3. 한복이 참 예쁘더라 • 69

8차시 생각 넓히기

- **학습 목표**
- 세배하는 방법과 주의할 점을 익히고 바른 자세로 세배할 수 있다.

1 도입 – 5분

1) 설날이나 추석과 관련된 경험을 이야기하도록 한다.

2) 한복을 입어 본 경험에 대해 이야기하도록 한다.
   - 🔴 한복을 입어 본 적이 있나요?
   - 🔴 한복에 대해 궁금한 점을 이야기해 보세요.

3) 어른을 만날 때 어떻게 인사하는지 시범을 보여 준다.

2 제시, 설명 – 10분

1) 사진을 보면서 세배하는 법을 익히도록 한다.

2) 세배할 때 주의할 점을 익히도록 한다.
   - 🔴 화살표가 가리키는 곳을 보세요. 무엇이 달라요?

3) 남자와 여자가 세배하는 방법이 다르다는 사실을 알도록 한다.
   - 🔴 두 손을 모을 때 남자는 왼손이 위로 가게 손을 모아요. 여자는 오른손이 위로 가게 손을 모아요.

3 연습 – 15분

1) 1번 그림과 설명을 보면서 단계별로 세배를 해 보게 한다.

2) 친구가 세배하는 모습을 보고 잘된 점과 잘못된 점을 말해 보도록 한다.

4 적용 – 5분

1) 교실을 돌아다니면서 세배를 해 보도록 한다.
   - 🔴 음악이 시작되면 교실을 자유롭게 걸어서 돌아다니세요.
   - 🔴 친구와 마주치면 가위바위보를 해요.
   - 🔴 가위바위보에서 진 사람이 이긴 사람에게 세배를 해요.
   - 🔴 친구의 세배 동작을 보고 잘못된 점이 있으면 바르게 고쳐 줘요.

2) 놀이를 마치고 소감을 친구와 이야기해 보게 한다.

5 정리 – 5분

1) 세배하는 법을 설명해 보게 한다.

2) 세배할 때 주의해야 할 점을 말해 보게 한다.

4단원 • 피곤하기는 하지만 행복해요

70
71

● 단원의 개관

이 단원의 목표는 학생의 모임 활동에 필요한 말과 문제 해결 및 개선을 위해 주장하는 말을 배우는 것이다. 일상생활 및 학교생활에서 모임 활동과 관련된 장면 및 내용을 학습함으로써 의사소통 능력을 향상시킬 수 있을 것이다.

학습 목표	• 친구와 함께 하는 모임 활동을 말할 수 있다. • 모임 활동을 제안하는 말을 할 수 있다. • 친구와 협상하기 위한 말을 할 수 있다.						
주제	장면		기능	문법	어휘	문화	담화 유형
	일상생활	학교생활					
모임 활동	단체 관람	동아리 활동	주장하기 불만 말하기	–는대요 –으래요 –재요 –는 게 어때요 –기는 하지만 –기 위해서	모둠 활동 관련 어휘	협동의 중요성에 대한 속담	대화 건의문 온라인 대화 포스터
	부모님과 하는 모임 활동	학교에서의 협동 활동					

● 차시 전개 과정

차시	차시 제목	성격	학습 내용	교재 쪽수	익힘책 쪽수
1	친구와 함께 하는 활동	필수	• 친구와 함께 하고 싶은 동아리 활동에 대해서 이야기할 수 있다.	72	54
2	현장 체험 학습	필수	• 친구의 의견을 듣고 참여하고 싶은 체험 학습을 전하는 말을 할 수 있다.	74	56
3	봉사 활동 제안하기	필수	• 글을 읽고 봉사 활동을 제안하고 계획하는 말을 할 수 있다.	76	58
4	모둠 역할 정하기	필수	• 모둠 역할을 만들고 역할을 정하는 말하기를 할 수 있다.	78	62
5	'짝 찾기' 놀이 하기	선택	• 친구의 방과 후 활동과 그 활동을 선택한 까닭을 조사하여 정리할 수 있다.	80	-
6	이야기 읽기	선택	• 이야기를 읽고 협동해서 문제를 해결한 경험을 이야기할 수 있다.	82	-
7	제안하는 글 쓰기	선택	• 주어진 상황을 이해하고 문제를 해결하기 위해 제안하는 글을 쓸 수 있다.	84	-
8	생각 넓히기	선택	• 속담의 의미를 알고 주어진 상황에 속담을 넣어서 말할 수 있다.	86	-

● 단원 지도상의 유의점

◆ 〈의사소통 한국어〉 교재의 특성상 단어, 표현, 문법을 분리하여 명시적으로 학습하지 않는다. 주어진 장면과 상황 안에서 그림과 사진을 통해 어휘 및 표현을 이해하고 제시된 대화나 활동으로 문법을 이해할 수 있도록 교수한다.

◆ 마지막 활용 문항에서는 매 차시 배운 어휘나 문법을 활용해 차시별 학습 주제를 2~3문장 이상의 복문으로 말할 수 있도록 지도한다.

◆ 체험 학습을 주제로 구성된 〈의사소통 한국어 3〉의 '3. 친구하고 같이 체험 학습을 가요' 단원의 학습 내용과 연계하여 학교와 가정에서 경험하는 다양한 체험 활동을 표현하는 어휘와 그에 수반되는 문법 요소를 활용하여 지도할 수 있다.

◆ 필수 차시에서 제시되는 어휘나 표현의 반복 연습이나 문법의 활용형 연습에는 익힘책을 활용하도록 한다.

1차시 친구와 함께 하는 활동

· 주요 학습 내용

> **어휘**
> 그리기, 요리하기, 재료, 글짓기, 독서하기, 빌리다, 만들기,
> 찰흙, 물감, 준비하다
>
> **문법 및 표현**
> -는대요, -으래요
>
> **준비물**
> 듣기 자료

· 학습 목표

· 친구와 함께 하고 싶은 동아리 활동에 대해서 이야기
  할 수 있다.

① 도입 - 3분

1) 단원 도입 그림을 보고 어떤 점층적 변화가 있는지를
   찾아보도록 한다.
   - 📵 혼자서 무거운 상자를 들 때와 여럿이서 상자를 들 때 어
     느 쪽이 편해요?

2) 학습 목표와 관련된 질문을 한다.
   - 📵 친구와 함께 방과 후 활동을 한 적이 있어요?
   - 📵 친구와 함께 하는 활동을 제안할 때는 어떻게 말해야 할
     까요?

3) 이번 단원을 배우면 친구와 함께 하는 활동을 제안하
   거나 서로 협동하는 말을 배울 수 있음을 안내한다.

4) 1번 그림을 보면서 단원 도입과 연계하여 질문한다.
   - 📵 친구와 함께 하는 활동이에요. 친구들이 무엇을 하고 있
     어요?

5) 차시 목표와 함께 오늘 배울 내용을 안내한다.
   - 📵 친구와 함께 하는 활동에 대해서 알아볼 거예요.
   - 📵 하고 싶은 활동과 활동에 필요한 것을 전하는 말하기를
     할 거예요.

② 제시, 설명 - 15분

1) 1번 그림을 보고 무슨 활동을 하고 있는지 말해 보도
   록 한다.

2) 듣기 자료를 듣고 무슨 활동을 하는지 따라서 쓰도록
   한다.

3) '-는대요'를 넣어 무슨 활동을 하는지 전하는 말을 해 보
   도록 한다.
   - 📵 그리기 교실에서는 무슨 활동을 해요?
   - 📵 아이다는 엄마에게 어떻게 말했어요?

---

① 친구와 함께 하는 활동

1. 친구와 함께 하는 활동에 대해 이야기해 봅시다.

그리기
좋아하는 것을
골라서 그리다

요리하기
여러 재료를
가지고 요리하다

글짓기
생각과 느낌을
글로 쓰다

독서하기
책을 빌려 읽다

만들기
찰흙으로 다양한
모양을 빚다

1) 듣고 가리키고 따라 쓰세요. 🔊 13

2) 활동에 대해 〈보기〉와 같이 엄마와 이야기해 보세요.

선생님께서 그리기 시간에는
무슨 활동을 한다고 하셨니?

〈보기〉

좋아하는 것을 골라서
그린대요.

72 · 의사소통 한국어 4

72

문법 지식

-는대요

· 두루높임으로 말하는 사람이 알고 있는 것을 일러바침을 나타
  내는 종결 어미.
· 'ㄹ'을 제외한 받침 있는 동사 뒤에 붙여 쓴다.
  - 📵 민준이가 여자아이들만 괴롭히고 숨는대요.
    지수는 숙제는 안 하고 만화책만 읽는대요.

4) 동아리 활동과 활동에 필요한 일을 말하도록 한다.
   - 📵 (찰흙을 준비하다) 만들기 활동을 하려면 무엇을 해야 할까
     요?

그리기, 요리하기, 재료,
글짓기, 독서하기, 빌리다,
만들기, 찰흙, 물감, 준비하다

-는대요, -으래요

2. 관계있는 것끼리 연결하고 말해 봅시다.

1) 활동에 필요한 일을 연결해 보세요.

찰흙을 준비하다	책을 빌리다	연필과 공책을 챙겨 오다	물감을 가져오다	요리 재료를 준비하다
•	•	•	•	•
•	•	•	•	•
요리하기	글짓기	그리기	독서하기	만들기

2) 연결한 내용을 보고 아래와 같이 이야기해 보세요.

친구와 만들기 활동을 하는구나.
필요한 것은 없니?

선생님께서 찰흙을
미리 준비하래요.

3. 하고 싶은 활동을 골라 아래와 같이 이야기해 봅시다.

빈센트, 내일은 여러 재료를
가지고 요리한대.
나랑 같이 할래?

그래, 같이 하자.
혹시 미리 해야 할 것은 없어?

요리 재료를
미리 준비하래.

4. 피곤하기는 하지만 행복해요 • 73

73

어휘 지식

그리기	그림을 그리는 일. 예 그림 그리기를 좋아하던 승규는 커서 훌륭한 화가가 되었다. 요새 우리 아이는 미술 학원에 다니면서 그림 그리기에 푹 빠졌다.
재료	물건을 만드는 데 쓰이는 것. 예 우리 집은 오래된 소나무를 재료로 건축되어 튼튼하고 통풍이 잘 된다. 음식 재료.
글짓기 [글짇끼]	보통 학생들이 글 쓰는 실력을 기르기 위해 자신의 생각을 글로 쓰는 것. 예 나는 어렸을 때 글짓기를 좋아해서 시를 많이 썼다. 아이들은 글짓기 대회에 나가 '가을'이라는 주제로 글을 썼다.
독서	책을 읽음. 예 독서의 즐거움. 저는 올해에는 꼭 일주일에 한 권씩 독서를 하기로 결심했어요.
빌리다	물건이나 돈 등을 나중에 돌려주거나 대가를 갚기로 하고 얼마 동안 쓰다. 예 민준은 책을 살 형편이 안 돼 대부분의 책을 도서관에서 빌려 본다. 사전 좀 빌릴 수 있을까요?

찰흙 [찰흑]	끈끈한 성질이 있는 흙. 예 아이들은 찰흙으로 소꿉놀이에 쓸 예쁜 그릇을 빚었다. 승규는 봉지에 담긴 찰흙을 주물러 말랑말랑하게 한 뒤 원하는 모양을 만들었다.
물감	그림을 그리거나, 천이나 옷에 물을 들일 때 쓰는 재료. 예 물감으로 색칠하다. 아이는 스케치북에 밑그림을 그린 뒤 물감으로 색을 칠했다.
준비하다	미리 마련하여 갖추다. 예 나는 손님들이 올 시간에 맞춰서 점심을 준비했다. 우리는 도시락을 준비해서 가까운 공원으로 놀러 갔다.

5) 2-1) 활동에 필요한 일과 활동을 연결하도록 한다.

6) 활동에 필요한 일을 '-으래요'를 넣어 말하도록 한다.

문법 지식

-으래요
· 두루높임으로 다른 사람이 말한 명령이나 요청 등을 간접적으로 전할 때 쓰는 표현.
· 'ㄹ'을 제외한 받침 있는 동사 뒤에 붙여 쓴다.
예 형이 실내에서는 모자를 벗으래요.
엄마가 밥을 남기지 말고 다 먹으래요.

③ 연습 – 8분

1) 그림을 제시하고 친구들이 무엇을 하고 있는지 말하도록 한다.

2) '-는대요'를 넣어 활동에 대해 친구와 번갈아 가며 말하도록 한다.

3) '-으래요'를 넣어 활동에 필요한 일을 친구와 번갈아 가며 말하도록 한다.

④ 적용 – 12분

1) 활동과 활동에 필요한 일을 다시 읽도록 한다.

2) 하고 싶은 활동에 대해 '-는대'와 '-으래'를 넣어 이야기하도록 한다.

※ 다른 활동: 학교에서 학생들이 실제로 참여하고 있는 방과 후 교실을 활용하여 진행할 수 있다.

⑤ 정리 – 2분

1) 익힘책 54~55쪽을 풀게 한다.

2) 그림을 제시하고 알맞은 어휘와 표현으로 말해 보도록 한다.

선 친구들이 무엇을 하고 있어요?

선 이 활동을 하려면 무엇이 필요해요?

3) 학습한 어휘와 표현을 사용해서 활동과 활동에 필요한 일을 말하도록 한다.

4) 다음 차시 예고를 한다.

4단원 피곤하기는 하지만 행복해요 • 59

2차시 현장 체험 학습

· 주요 학습 내용

> 어휘
> 천문대, 별자리, 달, 놀이 기구, 영화관, 구경하다, 극장, 연극
> 문법 및 표현
> -재요
> 준비물
> 듣기 자료

· 학습 목표
· 친구의 의견을 듣고 참여하고 싶은 체험 학습을 전하는 말을 할 수 있다.

① 도입 – 3분

1) 1번 그림을 보며 무엇을 배울지 예상하도록 한다.
   - 🔵 무엇을 하는 장면이에요? 가 본 적이 있어요?

2) 차시 목표와 함께 오늘 배울 내용을 안내한다.
   - 🔴 체험 학습으로 어디를 가고 싶어요?
   - 🔴 친구들이 가고 싶어 하는 체험 학습에 대해 말하는 법을 배워 볼 거예요.

② 제시, 설명 – 18분

1) 체험 학습으로 어디를 갔는지 읽도록 한다.
   - 🔴 친구들이 체험 학습 활동을 갔어요. 누가 어디로 갔어요?
   - 🔴 (천문대) 요우타와 아비가일은 어디로 갔어요?
   - 🔴 (놀이공원) 하미는 어디로 갔어요?
   - 🔴 (영화관) 하미와 지민이는 어디로 갔어요?
   - 🔴 (동물원) 성우와 촘푸는 어디로 갔어요?
   - 🔴 (극장) 자르갈과 빈센트는 어디로 갔어요?

2) 그림을 보며 친구들이 참여한 체험 학습 활동을 말하도록 한다.
   - 🔴 (별자리를 보다) 요우타가 천문대에서 무엇을 하고 있어요?
   - 🔴 (달을 보다) 아비가일이 천문대에서 무엇을 하고 있어요?
   - 🔴 (놀이 기구를 타다) 하미가 놀이공원에서 무엇을 하고 있어요?
   - 🔴 (영화를 보다) 하미와 지민이가 영화관에서 무엇을 하고 있어요?
   - 🔴 (동물을 구경하다) 성우와 촘푸가 동물원에서 무엇을 하고 있어요?
   - 🔴 (연극을 보다) 자르갈과 빈센트가 극장에서 무엇을 하고 있어요?

---

② 현장 체험 학습

1. 체험 학습을 가려고 합니다. 말해 봅시다.

천문대 / 별자리를 보다 / 달을 보다

놀이공원 / 놀이 기구를 타다

영화관 / 영화를 보다

동물원 / 동물을 구경하다

극장 / 연극을 보다

1) 듣고 가리키고 따라 하세요. 🔊 14

2) 무엇을 하고 싶어요? 아래와 같이 말해 보세요.

 체험 학습으로 어디를 가고 싶니?

 별자리를 보러 천문대에 가고 싶어요.

어휘 지식	
천문대	전체를 관측할 수 있는 장치를 갖춘 시설이나 기관. 🟠 천문대에서 별을 보다. 학자들이 천문대에서 별의 움직임을 관측했다.
별자리 [별:자리]	여러 개의 별들이 이어진 모습에 그와 비슷하게 생긴 동물, 물건, 신화 속 인물의 이름을 붙인 것. 🟠 별자리를 관측하다. 날씨가 맑으면 밤하늘의 별자리를 관찰할 수 있다.
달	밤이 되면 하늘에 뜨는 동그랗고 밝은 빛이 나는 천체. 🟠 어머니는 매일 밤 달을 보며 소원을 빌었다. 둥근 달이 떴네.
영화관	많은 사람이 함께 영화를 볼 수 있도록 시설을 갖추어 놓고 영화를 상영하는 곳. 🟠 영화관의 스크린이 너무 작아서 영화를 제대로 볼 수 없었다. 공포 영화를 보고 영화관에서 나올 때면 괜히 오싹한 기분이 든다.
구경하다	흥미나 관심을 가지고 보다. 🟠 우리 가족은 휴일을 맞아 동물원을 구경하며 즐거운 시간을 보냈다. 아이는 원숭이가 신기했는지 눈을 동그랗게 뜨고 원숭이를 구경하고 있었다.

천문대, 별자리, 달, 놀이 기구, 영화관, 구경하다, 극장, 연극

-재요

2. 친구의 생각을 전하는 말을 해 봅시다.

1) 친구들이 가고 싶은 곳과 하고 싶은 활동을 써 보세요. 🎧 15

이름	가고 싶은 곳	하고 싶은 활동
아이다	놀이공원	
성우		동물을 구경하다
아비가일		

2) 〈보기〉와 같이 친구의 말을 전해 보세요.

아이다는 놀이공원으로 가재요. 저도 아이다와 같이 놀이 기구를 타고 싶어요.

친구들과 어디를 가고 싶니?

〈보기〉
① 아비가일/천문대/달을 보다 ② 자르갈/극장/연극을 보다 ③ 촘푸/동물원/동물을 구경하다

3. 그림을 보고 친구들이 가고 싶은 체험 학습을 말해 봅시다.

① ② ③

4. 피곤하기는 하지만 행복해요 • 75

75

극장	연극이나 음악, 무용 등을 공연하거나 영화를 상영하기 위한 시설을 갖춘 곳. 예 인형 극장. 극장 안은 영화 시사회를 보러 온 관객들로 발 디딜 틈이 없었다.
연극 [연·극]	배우가 무대 위에서 대본에 따라 관객에게 연기를 보이는 것. 예 오늘 본 연극은 매우 감동적이었다. 연극 공연장을 찾는 관객은 영화 관람객에 비해 매우 적다.

3) 듣기 자료를 듣고 2-1) 표 안에 알맞은 내용을 써 넣도록 한다.

듣기 자료 🎧 15

아이다: 나는 놀이공원에 가고 싶어. 우리 같이 놀이공원에 가서 놀이 기구를 타자.
성우: 나는 동물원에 가고 싶어. 동물원에 가서 동물을 구경하자. 같이 갈래?
아비가일: 천문대는 어때? 우리 같이 천문대에서 달을 보자

🔵 아이다는 놀이공원에 가서 무엇을 하고 싶어 해요?

🔵 성우는 동물을 구경하고 싶어 해요. 어디로 가야 해요?

🔵 아비가일은 어디에 가서 무엇을 하고 싶어 해요?

4) 표의 내용을 보고 '-재요'를 넣어 친구의 생각을 전하는 말을 해 보도록 한다.

🔵 아이다는 어디를 가자고 해요?

🔵 성우는 무엇을 하고 싶어 해요?

🔵 아비가일은 무엇을 하고 싶어 해요?

3 연습 – 5분

1) 1번의 그림을 보고 친구와 역할을 나누어 체험 학습으로 무엇을 하고 싶은지 이야기하도록 한다.

🔵 체험 활동 중에서 무엇을 하고 싶나요? 친구와 묻고 대답해 보세요.

2) 친구가 체험 학습으로 어디를 가고 싶어 하는지 '-재요'를 넣어 말하도록 한다.

4 적용 – 12분

1) 체험 학습으로 어디를 가는지 말해 보도록 한다.

2) 체험 학습 장소에서 무엇을 하는지 말하도록 한다.

3) 그림을 보고 친구들이 가고 싶어 하는 체험 학습을 말하도록 한다.

4) 친구들이 가고 싶어 하는 체험 학습을 '-재요'를 넣어 말하도록 한다.

5 정리 – 2분

1) 익힘책 56쪽을 풀게 한다.

🔵 1번 활동의 그림에 연결되는 알맞은 낱말을 써 보세요.

🔵 2번 활동의 연결된 내용을 보고 알맞은 낱말을 써 보세요.

2) 익힘책 57쪽을 풀게 한다.

🔵 3번 활동의 '보재요'와 같이 '-재요'를 넣어 낱말을 바꾸어 써 보세요.

🔵 4번 활동의 〈보기〉를 읽고 그림이 내용에 알맞게 고쳐 써 보세요.

3) 체험 학습 활동에 대해 말하도록 한다.

🔵 체험 학습으로 천문대(놀이공원, 영화관, 동물원, 극장)에 가서 무엇을 해요?

4) 학습한 어휘와 표현을 사용해서 친구가 가고 싶어 하는 체험 학습 활동을 말하도록 한다.

5) 다음 차시 예고를 한다.

- **주요 학습 내용**

> **어휘**
> 제안하다, 축제, 무대, 공연, 박수, 요양원, 보람차다,
> 주무르다.
>
> **문법 및 표현**
> -는 게 어때요, -기는 하지만

- **학습 목표**
- 글을 읽고 봉사 활동을 제안하고 계획하는 말을 할 수 있다.

① 도입 – 3분

1) 차시 제목과 1번 그림을 보며 무엇을 배울지 예상하도록 한다.
   - 🟦 저밍이 누구와 함께 있는 것 같아요?
   - 🟦 저밍이 무엇을 하고 있어요?

2) 차시 목표와 함께 오늘 배울 내용을 안내한다.
   - 🟦 저밍이 게시판에 쓴 글의 제목을 읽어 보세요.
   - 🟦 봉사 활동을 제안하는 글을 읽고 봉사 활동을 제안하는 말하기를 배워 볼 거예요.

② 제시, 설명 – 18분

1) 1번 글을 읽도록 한다.
   - 🟦 글의 제목이 무엇인가요?
   - 🟦 무엇에 관한 내용이 쓰여 있을 것 같아요?

2) 글의 내용을 확인하는 질문에 답하도록 한다.
   - 🟦 저밍이 다니는 학교는 해마다 무엇을 열어요?
   - 🟦 저밍이네 반은 축제에서 무엇을 했어요?
   - 🟦 저밍은 연극 공연을 마치고 기분이 어땠어요?
   - 🟦 저밍은 무엇을 제안했어요?
   - 🟦 제안한 까닭은 무엇이에요?

3) 요양원에서 할 수 있는 봉사 활동을 가리키며 읽어 보도록 한다.
   - 🟦 할머니, 할아버지를 위해 어떤 봉사 활동을 할 수 있어요?

어휘 지식	
제안하다	의견이나 안건으로 내놓다. 🟧 사장에게 대안을 제안했다. 이전 선거의 표어를 바꾸자고 나는 제안하고 싶다.
축제 [축쩨]	어떤 것을 기념하거나 축하하기 위하여 벌이는 큰 규모의 행사. 🟧 새해를 기념하며 거리 곳곳에는 한바탕 축제가 벌어졌다. 오늘 저녁에 한강에서 불꽃 축제가 열린답니다.

---

③ 봉사 활동 제안하기

1. 학교 누리집 게시판에 쓴 글을 읽고 물음에 답해 봅시다.

이름	저밍	올린 날짜	○○-○○-○○
제목		봉사 활동을 제안해요.	
내용		안녕하세요. 저는 2학년 1반 저밍이에요. 우리 학교는 해마다 한마당 축제를 열어요. 작년에도 열심히 연습해서 무대 위에서 연극 공연을 했어요. 공연을 마치고 박수를 받으니 정말로 기분이 좋았어요. 이번 축제에는 요양원의 할머니, 할아버지도 초대하는 게 어때요? 우리 학교 근처에 요양원이 있는데 할머니, 할아버지께서 아이들을 정말로 좋아하세요. 보람찬 나래초 한마당 축제를 위해 제안해요.	

1) 저밍이 연극을 마치고 기분이 어땠는지 말해 보세요.

2) 저밍이 무엇을 제안했는지 써 보세요.

3) 제안한 까닭은 무엇인지 말해 보세요.

무대	연극, 무용, 음악 등을 공연하기 위하여 객석 앞에 좀 높게 만들어 놓은 넓은 자리. 🟧 극장은 무대와 객석이 매우 가까워서 배우의 표정이 생생하게 보였어요. 어제 본 연극은 내용도 좋았지만 무대가 화려한 게 특히 기억에 남더라.
공연	음악, 무용, 연극 등을 많은 사람들 앞에서 보이는 것. 🟧 뮤지컬 공연이 끝나자 관객들은 배우들에게 큰 박수를 보냈다. 무용수들은 해외 공연 준비를 앞두고 늦은 시간까지 열심히 연습했다.
박수	기쁨, 축하, 환영, 칭찬 등을 나타내거나 장단을 맞추려고 두 손뼉을 마주 침. 🟧 박수를 보내다. 공연을 성공적으로 끝낸 무용수에게 우레와 같은 박수가 쏟아졌다.
요양원	환자들이 편안히 쉬면서 몸을 보살피고 병을 치료할 수 있도록 시설을 갖추어 놓은 기관. 🟧 요양원 봉사. 지수는 노인 요양원에서 맛있는 건강식을 만들어 직접 먹여 드리는 봉사를 한다.

제안하다, 축제, 무대,
공연, 박수, 요양원,
보람차다, 주무르다

-는 게 어때요,
-기는 하지만

2. 요양원의 할머니, 할아버지를 위한 봉사 활동을 말해 봅시다.

내가 할 수 있는
봉사 활동에는
무엇이 있을까?

청소를 돕다   어깨를 주물러 드리다   책을 읽어 드리다

1) 그림을 가리키며 〈보기〉와 같이 봉사 활동을 제안해 보세요.

무엇을 도와드릴
수 있을까요?

〈보기〉
청소를 돕는 게
어때요?

2) 〈보기〉와 같이 봉사 활동을 하고 난 후의 소감을 말해 보세요.

봉사 활동을 하고
나니까 어때요?

어렵기는 했지만
재미있었어요.

〈보기〉
① 피곤하다/기분이 좋다
② 힘들다/재미있다
③ 지치다/보람차다

3. 봉사 활동을 계획해 봅시다.

도서관에서 책을
정리하는 활동은 어때?

좋은 생각이야. 책이 무겁기는
하지만 함께 하면 즐거울 거야.

4. 피곤하기는 하지만 행복해요 • 77

77

보람차다	어떤 일을 한 뒤에 좋은 결과를 얻어 만족스럽거나 자부심을 가질 만한 가치가 있다. ⑩ 열심히 노력해서 친구들과 함께 작업을 완성하니 아주 보람찼다. 방학을 보람차게 보내려면 어떻게 해야 할까?
주무르다	손으로 어떤 물건이나 몸을 쥐었다 놓았다 하면서 자꾸 만지다. ⑩ 지수가 누워 계신 할머니의 팔을 주물렀다. 이렇게 다리를 주물러야 뭉친 근육이 풀리는 거야.

4) 저밍은 무엇을 했는지 말해 보도록 한다.

5) '-는 게 어때요'를 넣어 제안하는 말을 해 보도록 한다.

　　선 저밍이 요양원에서 심부름을 해 드리고 싶어 해요. 어떻게 말해요?

6) 저밍이 한마당 축제에서 연극 공연을 한 소감이 어떻다고 했는지 말해 보도록 한다.

1) 1번 게시판 글을 다시 읽고 물음에 답하도록 한다.

　　선 저밍은 작년 한마당 축제에서 무엇을 했어요?

　　선 저밍이 할머니, 할아버지를 초대하려는 까닭은 무엇이에요?

2) 그림을 제시하고 무슨 봉사 활동을 하는지 말하도록 한다.

3) '-는 게 어때요'를 넣어 봉사 활동을 제안하는 말을 하도록 한다.

4) '-기는 하지만'을 넣어 봉사 활동을 하고 난 후의 소감을 친구와 번갈아 가며 말하도록 한다.

④ 적용 – 12분

1) 3번의 그림을 보고 무엇을 하는 장면인지 말하도록 한다.

　　선 (도서관에서 책을 정리하다) 리암과 요우타가 어떤 봉사 활동을 하려고 해요?

2) 친구와 역할을 나누어 리암과 요우타의 대화를 읽어 보도록 한다.

3) '-는 게 어때요'와 '-기는 하지만'을 사용해서 봉사 활동을 계획하는 이야기를 하도록 한다.

⑤ 정리 – 2분

1) 익힘책 58쪽을 풀게 한다.

　　선 1번 활동의 그림에 알맞은 낱말을 모아 써 보세요.

2) 익힘책 59~60쪽을 풀게 한다.

　　선 2번 활동의 주어진 말을 '-는 게 어때요'를 넣어 바꾸어 써 보세요.

　　선 3번 활동의 문장을 읽고 '-는 게 어때요'를 넣어 문장을 바꾸어 써 보세요.

3) 익힘책 61쪽을 풀게 한다.

　　선 4번 활동의 문장을 읽고 '-기는 하지만'을 넣어 한 문장으로 써 보세요.

4) 그림이나 사진을 제시하고 알맞은 어휘와 표현으로 말해 보도록 한다.

　　선 저밍은 무엇을 제안했어요?

5) 다음 차시 예고를 한다.

4차시 모둠 역할 정하기

· **주요 학습 내용**

> **어휘**
> 모둠, 지킴이, 기록이, 이끔이, 나눔이, 학급 규칙, 기록하다,
> 준비물, 나누어 주다, 토론, 복도
>
> **문법 및 표현**
> -기 위해서

· **학습 목표**
· 모둠 역할을 만들고 역할을 정하는 말하기를 할 수 있다.

1 도입 - 3분

1) 1번 그림을 보며 무엇을 배울지 예상하도록 한다.
   - 전 친구들이 무엇을 하고 있어요?
   - 전 무엇을 할 때 책상을 하나로 붙여요?

2) 차시 목표와 함께 오늘 배울 내용을 안내한다.
   - 전 모둠 역할에 대해서 말해 볼 거예요.
   - 전 우리 모둠에 필요한 역할을 말하고 역할을 정하는 말을 배울 거예요.

2 제시, 설명 - 18분

1) 그림을 보며 모둠 역할의 이름을 읽도록 한다.
   - 전 아이다네 학급의 모둠 역할에는 무엇이 있나요?

2) 누가 어떤 역할을 하는지 말하도록 한다.
   - 전 (기록한 내용을 발표하다) 기록이는 무슨 일을 해요?
   - 전 (준비물을 나누어 주다) 나눔이는 무슨 일을 해요?
   - 전 (학급 규칙을 알려 주다) 지킴이는 무슨 일을 해요?
   - 전 (말하는 순서를 정하다) 이끔이는 무슨 일을 해요?

※ 유의점: 제시 어휘는 기본형으로 보여 주고 말할 때는 '-어요/아요'형으로 답하게 한다.

어휘 지식	
모둠	초, 중등학교에서 효율적인 학습을 위하여 학생들을 대여섯 명 내외로 묶은 모임. 예 수학 시간에는 한 모둠인 다섯 명의 학생이 함께 앉아 협동 학습을 했다. 아니. 다음 주부터는 협동 학습이 많아서 모둠끼리 둘러앉을 거야.
학급 [학끕]	한 교실에서 공부하는 학생의 집단. 예 지수의 학교는 한 반에 삼십 명씩으로 학급을 편성했다. 우리 학교는 학생 수가 적어서 한 학년에 한 학급밖에 없다.
규칙	여러 사람이 지키도록 정해 놓은 법칙. 예 우리 선수들은 경기 규칙에 따라 정정당당하게 경기를 치렀다. 아이들은 일주일에 한 번씩 돌아가면서 교실 청소를 한다는 규칙을 세워 놓고 실천하고 있다.

---

④ 모둠 역할 정하기

1. 아이다네 학급의 모둠 역할입니다. 읽고 이야기해 봅시다.

1) 누가 어떤 역할을 해요? 그림을 가리키며 〈보기〉와 같이 말해 보세요.

> 〈보기〉   기록이는 기록한 내용을 발표해요.

2) 그림을 가리키며 〈보기〉와 같이 필요한 역할을 이야기해 보세요.

우리 반 모둠에는 기록이가 필요해요.

기록이는 왜 필요해요?

〈보기〉
기록한 내용을 발표하기 위해서 필요해요.

78

기록하다 [기로카다]	주로 후일에 남길 목적으로 어떤 사실이나 생각을 적거나 영상으로 남기다. 예 수첩에 기록하다. 오늘 회의 내용은 매우 중요하니까 꼼꼼하게 기록해 둬.
준비물 [준:비물]	미리 마련하여 갖추어 놓는 물건. 예 준비물을 빠뜨리다. 내일 등산 갈 건데 꼭 필요한 준비물이 뭐가 있지?
나누다	원래 하나였던 것을 둘 이상의 부분이나 조각이 되게 하다. 예 어머니는 빵을 크게 둘로 나누시더니 한 덩어리를 내게 주셨다. 나는 케이크를 열 조각으로 나누어 사람들에게 한 조각씩 주었다.
토론	어떤 문제에 대하여 여러 사람이 옳고 그름을 따지며 논의함. 예 학생들은 학급 문제에 대하여 찬반 토론을 벌였다. 우리는 자유로운 토론을 통해 의견을 나누고 입장 차이를 좁혔다.
복도	건물 안에서 여러 방으로 통하게 만들어 놓은 통로. 예 복도는 여러 사람이 이용하는 공간이니까 복도에서 뛰거나 공놀이를 하면 안 됩니다. 쉬는 시간에 우리 교실 앞 복도에서 만나자. 할 이야기가 있어.

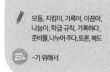

2. 모둠 역할에 따라 알맞은 말을 익혀 봅시다.

1) 누가 주로 하는 말일까요? 알맞은 모둠 역할을 빈칸에 써 보세요.

| 그럼 지금부터 발표하겠습니다. | 복도에서는 걸어 다녀야 해. | 내가 나누어 줄게. | 그럼 아이다부터 돌아가면서 말해 볼까? |

2) 다음 상황에 적절한 말을 골라서 말해 보세요.

①  지민이 모둠부터 발표해 보세요.

② 준비물을 친구에게 나누어 주세요.
응! 고마워.

③ 모둠 토론을 시작할게요.
그럼 누가 먼저 말할까?
 나! 나!

④

3. 우리 모둠의 역할을 정하고 말해 봅시다.

서로 돕는 모둠을 만들기 위해서 함께 역할을 정해 보자.

좋아, 그럼 지킴이는 누가 하는 게 좋을까?

책임감이 강한 성우는 어때?

4. 피곤하기는 하지만 행복해요 • 79

79

3) 모둠 역할을 듣고 누가 맡아서 할 역할인지를 말하도록 한다.
　선 기록한 내용을 발표해요. 누구의 역할인가요?
　선 준비물을 나누어 줘요. 누구의 역할인가요?
　선 학급 규칙을 알려 줘요. 누구의 역할인가요?
　선 말하는 순서를 정해요. 누구의 역할인가요?

4) 필요한 모둠 역할을 '-기 위해서'를 넣어서 말하도록 한다.

문법 지식

-기 위해서
· 어떤 상황이나 행동을 하는 목적이나 의도를 나타내는 표현. 동사에 붙어 앞의 행위가 뒤의 상황이나 행동이 발생하게 된 목적이나 의도임을 나타낸다.
· 동사 어간 끝음절의 받침 유무에 관계없이 '-기 위해'를 쓴다.
　예 먹- + -기 위해서 → 먹기 위해서
　　 읽- + -기 위해서 → 읽기 위해서

· ① 앞 절과 뒤 절의 주어가 같아야 하고, 주로 뒤 절의 주어는 생략한다.
　예 나는 컴퓨터를 고치기 위해 서비스 센터에 갔어요.(O)
　　 나는 컴퓨터를 고치기 위해 친구는 서비스 센터에 갔어요.(X)
· ② 일반적으로 형용사와 결합하지 않는다.
　예 친구는 시원하기 위해 창문을 열었어요.(X)
　　 영희는 예쁘기 위해 일찍 자요.(X)
· ③ 과거 '-었-', 미래·추측의 '-겠-'과 결합하지 않는다.
　예 저는 어제 친구의 생일 선물을 샀기 위해 문구점에 갔어요.(X)
　　 저는 어제 친구의 생일 선물을 사기 위해 문구점에 갔어요.(O)
　　 저는 내일 친구의 생일 선물을 사겠기 위해 문구점에 갈 거예요.(X)
　　 저는 내일 친구의 생일 선물을 사기 위해 문구점에 갈 거예요.(O)

5) 어떤 모둠 역할이 하는 말인지 제시된 말을 읽어 보도록 한다.

6) 주어진 상황에 적절한 말을 골라서 쓰도록 한다.

③ 연습 – 5분

1) 모둠 역할과 역할에 따라 해야 할 일을 말하도록 한다.

2) '-기 위해서'를 넣어 필요한 모둠 역할에 대해 말하도록 한다.

3) 역할을 나누어 주어진 상황에 적절한 말을 해 보도록 한다.
　선 모둠 의견을 발표하기 위해서 기록이(또는 나눔이, 이끔이, 지킴이)가 필요해요. 친구와 역할을 나누어 말해 보세요.

④ 적용 – 12분

1) 학급에 어떤 모둠 역할이 있는지 말하도록 한다.

2) 모둠에 필요한 역할에 대해 친구와 이야기하도록 한다.

3) 돌아가면서 모둠에 필요한 역할을 '-기 위해서'를 넣어 말하도록 한다.

4) 누가 모둠 역할을 맡을지 이야기하도록 한다.

⑤ 정리 – 2분

1) 익힘책 62~63쪽을 풀게 한다.

2) 모둠 역할의 이름과 역할에 대해 말하도록 한다.
　선 무슨 모둠 역할이 있어요?
　선 나눔이(이끔이, 지킴이, 기록이)는 무슨 역할을 해요?

3) 학습한 어휘와 표현을 사용해서 모둠 역할이 필요한 까닭을 말하도록 한다.

4) 다음 차시 예고를 한다.

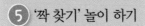

⑤ '짝 찾기' 놀이 하기

1. 친구의 방과 후 활동을 묻고 대답해 봅시다.

1) 〈보기〉와 같이 친구의 방과 후 활동을 묻고 대답해 보세요.

〈보기〉

무슨 방과 후 활동을 해? / 나는 글짓기 교실을 하고 있어.
글짓기 교실을 고른 까닭이 뭐야? / 글을 좀 더 잘 쓰기 위해서 골랐어.

2) 친구의 방과 후 활동을 듣고 빈칸에 써 보세요.

이름	방과 후 활동	방과 후 활동을 선택한 까닭
지민	글짓기 교실	글을 좀 더 잘 쓰기 위해서

교실을 돌아다니면서 친구들과 서로 묻고 답해 보세요.
같은 방과 후 활동을 하는 친구는 누군지 찾아보세요.

3) 친구의 방과 후 활동을 소개하는 이야기를 나누어 보세요.

저밍은 요리하는 법을 배우고 싶어서 요리 교실에 들어갔대.
하미는 다양한 책을 읽기 위해서 독서 교실에 들어갔대.

2. '짝 찾기' 놀이를 해 봅시다. 부록

요우타도 글짓기 교실이래요.
이 카드는 우리가 가져갈게.

하미는 글짓기 교실에 들어갔대요.

① 12장의 빈 카드를 준비해요.
② 3장에는 친구의 이름, 3장에는 방과 후 활동의 이름을 써요.
③ 위와 똑같이 쓴 카드를 한 묶음 더 만들어요.
④ 카드를 뒤집어서 섞어요. 그리고 1장씩 넓게 펼쳐 놓아요.
⑤ 카드 2장을 골라요. 카드를 뒤집으면서 "○○는 ○○래요."
또는 "○○는 ○○에 들어갔대요."라고 말해요.
⑥ 같은 짝을 찾으면 카드를 가져가요. 서로 다른 카드면 다시 원래대로 뒤집어요.

〈놀이 방법〉

80 • 의사소통 한국어 4
4. 피곤하기는 하지만 행복해요 • 81

5차시 '짝 찾기' 놀이 하기

· 학습 목표
· 친구의 방과 후 활동과 그 활동을 선택한 까닭을 조사
하여 정리할 수 있다.

1 도입, 듣기 전 – 5분

1) 학교에서 하는 방과 후 활동에 대해 말하도록 한다.
선 우리 학교에는 방과 후에 무슨 활동을 해요?

2) 친구가 활동하는 방과 후 활동에 대해 아는지 질문하도
록 한다.
선 여러분의 짝은 무슨 방과 후 활동을 하는지 알고 있어요?

3) 활동을 안내하도록 한다.
선 나와 친구의 방과 후 활동을 서로 묻고 답하는 활동을 할
거예요.

2 제시, 연습 – 5분

1) 짝과 역할을 나누어 〈보기〉의 대화문을 읽도록 한다.

2) 읽은 내용을 바탕으로 어떻게 기록하는지 파악해 본다.

3 말하기 – 10분

1) 교실을 돌아다니며 친구의 방과 후 활동을 묻고 답하
는 활동을 하도록 한다.

2) '-기 위해서'를 넣어 활동을 선택한 까닭을 적는다.

3) 자리로 돌아와서 적은 내용을 확인한다.

4) '-는대'를 넣어 친구의 활동을 전하는 이야기를 하도
록 한다.

5) 내가 미처 만나지 못한 친구의 방과 후 활동을 듣고 빈
칸에 적도록 한다.
선 발표를 듣고 내가 직접 만나지 못한 친구의 활동도 함께
적어 보세요.

4 놀이하기 – 15분

1) 놀이 방법을 읽고 궁금한 점은 물어보도록 한다.

2) 친구와 방과 후 활동의 이름을 말하면서 '짝 찾기' 놀이
를 한다.
※ 유의점: 단순히 카드의 짝을 찾는 방과 후 활동의 이름에 몰
두해서 학생 간의 의사소통이 단절되지 않도록 한다. 문법
항목을 넣은 말하기 연습이 충분히 이루어지도록 한다. 짝을
찾는 활동이 어려울 경우 먼저 방과 후 활동이 적힌 카드 묶
음으로만 활동을 시작하도록 한다.

5 정리 – 5분

1) 우리 학교의 방과 후 활동에 대해 말하도록 한다.

2) 친구의 동아리 활동에 대해 말하도록 한다.

3) 친구가 동아리 활동을 선택한 까닭에 대해 말하도록
한다.

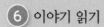

6 이야기 읽기

1. 지하철에서 벌어진 일을 읽고 물음에 답해 봅시다.

열차를 움직인 힘

지난 2003년 지하철과 승강장 사이에 한 남자의 몸이 끼이는 사고가 발생했어요. 지켜보던 많은 사람들은 어떨 줄을 몰라 허둥거렸어요. 이때 한 아저씨가 그 남자를 구하기 위해서 열차를 밀었어요. 그러자 아주머니 한 분이 그 아저씨를 도와 열차를 밀기 시작했어요. 이어서 중학생 한 명도 달려와 열차를 밀었어요. 그러자 이들의 모습을 본 많은 사람들이 우르르 몰려들어 열차를 밀기 시작했어요.

마침내 열차가 옆으로 기우뚱하며 틈이 벌어졌어요. 그리고 열차와 승강장 사이에 끼어있던 남자를 구할 수 있었어요.

혼자서는 무거운 열차를 움직일 수 없었을 거예요. 그러나 두 사람, 세 사람, 여러 사람이 힘을 합치니까 무거운 열차도 움직일 수 있었어요.

1) 남자에게 무슨 일이 벌어졌는지 말해 보세요.

2) 무엇이 열차를 움직인 힘이 되었는지 말해 보세요.

2. 일이 일어난 순서대로 번호를 써 봅시다.

① 많은 사람들이 열차를 밀다.
② 열차를 움직여 남자를 구하다.
③ 아저씨와 아주머니가 열차를 밀다.
④ 지하철과 승강장 사이에 남자의 몸이 끼이다.

[ ] → ③ → [ ] → [ ]

3. 협동해서 문제를 해결한 경험을 이야기해 봅시다.

> 매트가 잠 무거웠는데 너와 함께 들어서 무겁지 않았어.

> 맞아, 서로가 힘을 모은 덕분이야.

6차시 이야기 읽기

· **학습 목표**
• 이야기를 읽고 협동해서 문제를 해결한 경험을 이야기 할 수 있다.

1 도입, 읽기 전 - 5분

1) 다친 친구를 도와준 경험을 말해 보도록 한다.
　선 넘어진 친구를 일으켜 준 적이 있어요?

2) 친구와 힘을 합쳐서 문제를 해결한 경험을 말해 보도록 한다.
　선 무거운 물건을 함께 들어준 적이 있나요?
　선 청소 시간에 역할을 나누어서 청소를 했던 적이 있나요?

2 읽기 중 - 15분

1) 1번 '열차를 움직인 힘'을 읽어 보게 한다.

2) 이야기를 읽고 물음에 답하도록 한다.
　선 언제, 어디에서 일어난 일인가요?
　선 남자에게 무슨 일이 벌어졌어요?
　선 남자는 어떻게 되었어요?
　선 무엇이 열차를 움직인 힘이 되었어요?

3 읽기 후 - 10분

1) 이야기를 다시 읽고 일이 일어난 순서대로 번호를 쓰도록 한다.
　선 제일 먼저 어떤 일이 일어났어요?
　선 아저씨와 아주머니가 열차를 밀기 시작했어요. 그다음에 어떤 일이 일어났어요?

2) 일이 일어난 순서를 보고 이야기를 간단하게 요약해서 말하도록 한다.

4 적용 - 7분

1) 협동해서 문제를 해결한 경험을 이야기하도록 한다.

2) 도움을 준 친구를 지목하여 고마운 마음을 표현해 보도록 한다.
　선 도움을 주었던 친구의 이름을 말해 보세요.
　선 무슨 도움을 받았는지 말하고 고마운 마음을 친구에게 전해 보세요.

5 정리 - 3분

1) 읽은 내용에 대해 간단하게 말하도록 한다.

2) 친구와 협동해서 문제를 해결한 경험을 발표하도록 한다.

7 제안하는 글 쓰기

1. 리암의 반에서 일어난 일입니다. 친구와 이야기해 봅시다.

1) 무슨 일이 일어났는지 말해 보세요.
2) 비슷한 일을 겪은 적이 있는지 이야기해 보세요.

2. 리암이 학급 게시판에 쓴 글을 읽고 질문에 답해 봅시다.

우유 상자 안에서 우유가 또 새어 나왔어요.
오늘도 지민이가 상자를 들다가 바지에 우유가 묻었어요. 바닥에도 우유가 떨어져서 냄새가 났어요.
어떻게 하면 우유갑을 깨끗하게 정리할 수 있을까요?

1) 무엇이 문제인지 말해 보세요.
2) 아래를 보고 지민이가 쓸 내용을 말해 보세요.

3. 제안하는 글을 써 봅시다.

1) 지민이가 되어서 제안하는 글을 마무리해 보세요.

우유갑을 아무렇게나 던지는 친구들이 있어서 우유가 새고 냄새가 나요. 그래서 우유갑을 깨끗하게 정리하기 위한 방법을 제안해요.

2) 제안하고 싶은 일을 떠올려 글을 써 보세요.

7차시 제안하는 글 쓰기

· 학습 목표
· 주어진 상황을 이해하고 문제를 해결하기 위해 제안하는 글을 쓸 수 있다.

1 도입, 듣기 전 – 5분

1) 학교생활을 하면서 불편한 일이나 고쳤으면 하는 일이 있는지 이야기하도록 한다.
2) 선생님이나 친구에게 무언가를 부탁하거나 제안한 경험이 있는지 이야기하도록 한다.

2 읽기 – 10분

1) 1번 그림을 보고 무슨 일이 일어났는지 말하도록 한다.
   図 무슨 문제가 일어났어요?
   図 우유가 새서 어떻게 되었는지 그림을 보고 말해 보세요.
2) 그림과 비슷한 경험을 겪은 적이 있는지 이야기하도록 한다.
3) 리암이 학급 게시판에 쓴 글을 읽고 물음에 답한다.
   図 리암이 쓴 글을 읽어 보세요. 무엇이 문제예요?
   図 우유가 새서 어떻게 되었어요?
4) 지민이의 문제를 해결하기 위해 무슨 생각을 했는지 말해 보도록 한다.

5) 지민의 생각을 제안하는 말로 바꾸어서 써 보도록 한다.
   図 지민이는 친구들에게 제안하는 말을 어떻게 썼을 것 같아요?

3 쓰기 – 15분

1) 지민이가 문제를 해결하기 위해 어떤 생각을 했는지 묻고 답하도록 한다.
2) 지민이가 쓴 제안하는 글을 읽어 보도록 한다.
3) 지민이가 되어서 글의 뒷부분을 마무리해 보도록 한다.
4) 쓴 글을 친구들 앞에서 발표하고 내가 쓴 글과 어떻게 다른지 비교해 보도록 한다.

4 적용 – 5분

1) 우리 학급에서 고쳤으면 하는 점을 떠올리게 한다.
2) 문제를 해결하기 위해 제안하는 글을 써 보도록 한다
3) 학급 게시판에 글을 올리고 친구들의 의견을 듣도록 한다.

5 정리 – 5분

1) 리암의 반에서 무슨 일이 벌어졌는지 말하도록 한다.
2) 리암이 문제를 해결하기 위해 무엇을 제안했는지 말하도록 한다.

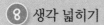

8 생각 넓히기

1. 포스터를 보고 이야기해 봅시다.

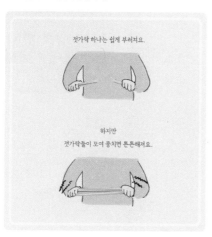

젓가락 하나는 쉽게 부러져요.

하지만
젓가락들이 모여 뭉치면 튼튼해져요.

1) 젓가락이 쉽게 부러지지 않는 까닭은 무엇인지 말해 보세요.

2) 이 포스터는 무엇을 말하고 있는지 이야기해 보세요.

2. 속담을 읽고 이야기해 봅시다.

1) 무슨 뜻인가요?
이야기해 보세요.

백지장도 맞들면 낫다

2) 어떤 상황에서 사용하는 말일지 이야기해 보세요.

또 어떤 상황이 어울릴까요?

3. 알맞은 속담을 넣어서 말해 봅시다.

 →

친구야, 고마워.

같이 들고 가자.

86 · 의사소통 한국어 4

4. 피곤하기는 하지만 행복해요 · 87

86

87

8차시 생각 넓히기

· **학습 목표**
· 속담의 의미를 알고 주어진 상황에 속담을 넣어서 말할 수 있다.

1 도입 – 5분

1) 여럿이서 힘을 모아 문제를 해결하는 상황을 상상해 보게 한다.
   - 📢 심부름을 할 때 무거운 물건을 들어 본 적 있어요?
   - 📢 무거운 물건을 혼자서 들면 어떨 것 같아요?

2) 친구와 협동하여 어려운 일을 해결한 경험을 말해 본다.

2 제시, 설명 – 10분

1) 포스터에 제시된 두 장면을 서로 비교하도록 한다.
   - 📢 첫 번째 그림은 무엇을 하고 있는 장면인가요?
   - 📢 나무젓가락은 어떻게 되었어요?
   - 📢 두 번째 그림은 첫 번째 그림과 무엇이 다른가요?
   - 📢 나무젓가락은 어떻게 되었어요?

2) 포스터처럼 실제로 해 보게 한다.

3) 포스터에 적힌 문구를 읽고 물음에 답하게 한다.
   - 📢 나무젓가락이 쉽게 부러지지 않는 까닭은 무엇이에요?
   - 📢 이 포스터를 만든 사람은 무엇을 말하고 싶었을까요?

4) 속담을 제시하고 이야기를 나눠 보도록 한다.
   - 📢 '백지장도 맞들면 낫다'는 무슨 뜻이에요?

3 연습 – 15분

1) 2-2) 그림들을 보고 속담과 연관 지어 생각해 보도록 한다.
   - 📢 각 장면에서 친구들이 무엇을 하고 있어요?

2) 세 장면의 공통점을 말하도록 한다.
   - 📢 세 장면은 어떤 점이 비슷해요?

3) 속담을 넣어 장면에 알맞게 말하도록 한다.
   - 📢 혼자서 일하는 친구에게 뭐라고 말해야 할까요?
   - 📢 속담을 넣어서 말해 보세요.

4 적용 – 5분

1) 상황과 역할을 정하여 무엇을 말할지 결정하도록 한다.

2) 자기가 정한 역할에 알맞은 말을 하며 역할 놀이를 하도록 한다.

5 정리 – 5분

1) '백지장도 맞들면 낫다'는 어떤 뜻인지 말하도록 한다.

2) 위의 속담이 어울리는 상황을 말해 보도록 한다.

단원의 개관

이 단원의 목표는 학생들이 일상생활과 학교생활에서 친구와 겪을 수 있는 다양한 의사소통 상황에 적절한 표현을 익히는 것이다. 이를 통해 학생들은 친구 관계에서 일어나는 고마움, 불만, 미안함 등의 감정을 적절하게 표현하고 부정적인 상황을 원만하게 해결할 수 있게 될 것이다.

학습 목표	• 친구에게 고마움을 표현할 수 있다. • 자신이 한 일의 이유를 말할 수 있다.						
주제	장면		기능	문법	어휘	문화	담화 유형
	일상생활	학교생활					
친구 관계	자기 입장 설명하기	친구와의 에피소드 1	감정 표현하기 변명하기 제안하기	—을까 봐 —는 덕분에 —느라고 —으면 안 될까?	감정 관련 어휘	신체 관련 감정 표현	대화 편지 신문
	친구의 마음이 상하지 않게 거절하기	친구와의 에피소드 2					

차시 전개 과정

차시	차시 제목	성격	학습 내용	교재 쪽수	익힘책 쪽수
1	처음 만난 친구	필수	• 전학 온 학교에서의 경험을 말할 수 있다.	90	66
2	고마운 친구	필수	• 친구에게 고마움을 표현할 수 있다.	92	68
3	내가 그렇게 한 이유	필수	• 자신이 한 일에 대한 이유를 말할 수 있다.	94	72
4	거절하는 방법	필수	• 친구의 마음이 상하지 않게 거절하며 제안할 수 있다.	96	76
5	'짝 찾기' 놀이 하기	선택	• 학습한 어휘와 문법을 이용해 짝 찾기 놀이를 할 수 있다.	98	-
6	감사 편지 쓰기	선택	• 고마운 사람에게 감사 편지를 쓸 수 있다.	100	-
7	신문 상담 글 읽기	선택	• 신문의 상담 글을 읽고 이해할 수 있다.	102	-
8	생각 넓히기	선택	• 신체와 관련된 감정 표현을 이해하고 사용할 수 있다.	104	-

단원 지도상의 유의점

◆ 초등학생 학습자를 고려하여 어휘, 문법을 분리하여 명시적으로 교수하지 않고, 주어진 장면과 상황, 대화 속에서 어휘 및 표현을 이해하고 연습할 수 있도록 한다.

◆ 필수 차시의 마지막 활용 문항은 매 차시 배운 어휘나 문법을 활용해 2~3문장 이상의 복문이나 대화로 말할 수 있도록 지도한다.

◆ 필수 차시에서 문법이나 낱말을 따라 쓰거나, 활용형을 연습하거나 하는 등의 기계적인 연습이 필요하면 익힘책의 관련 페이지를 수업 시간에 활용한다.

◆ 목표 문법을 사용할 수 있는 다양한 학교 안, 또는 학교 밖의 상황을 가져와 의사소통 활동을 확장할 수 있다.

· **주요 학습 내용**

> 어휘
> 쑥스럽다, 부끄럽다, 불안하다, 창피하다, 당황스럽다
>
> 문법 및 표현
> -을까 봐
>
> 준비물
> 듣기 자료

· **학습 목표**
· 전학 온 학교에서의 경험을 말할 수 있다.

1 도입 - 5분

1) 단원 도입 그림을 보면서 친구 관계에 대해 이야기를 나눈다.

　🔵 저밍과 리암 두 사람이 무엇을 하고 있을까요?

　🔵 지민이와 리암 두 사람이 무엇을 하고 있을까요?

　🔵 각 상황에서 리암이 어떻게 느꼈을까요?

2) 단원 도입 질문으로 자신의 실수 및 후회에 대해 이야기해 보게 한다.

　🔵 여러분도 리암처럼 친구에게 고마움을 느낀 적이 있어요? 어떤 일로 고마움을 느꼈어요?

　🔵 친구에게 섭섭함을 느낀 적도 있어요? 어떤 일로 섭섭함을 느꼈어요?

3) 도입 질문과 연계해 차시 학습 목표를 소개한다.

4) 1번 그림을 보면서 단원 도입과 연계하여 질문하도록 한다.

　🔵 이번 시간에는 친구와의 관계에서 일어날 수 있는 여러 가지 일에 대해서 이야기해 볼 거예요.

2 어휘 제시, 연습 - 10분

1) 그림을 보며 학생들로 하여금 어떤 상황인지 짐작해 보게 한다.

　🔵 리암은 무슨 생각을 하고 있어요?

2) 그림을 보며 리암이 느꼈던 감정을 말해 보게 한다. 이때 배울 낱말을 짐작해 보고, 교사는 학생들이 알고 있는 낱말을 확인한다.

　🔵 리암은 처음 전학 왔을 때 기분이 어땠을까요?

3) 새 낱말로 제시된 리암의 감정을 상황을 들어 하나씩 설명하도록 한다.

> **어휘 지식**
>
> | | |
> |---|---|
> | 쑥스럽다 [쑥쓰럽따] | 하는 짓이나 모양이 자연스럽지 못하거나 어울리지 않아 부끄럽다.
🔴 쑥스러운 표정.
　나는 부모님께 사랑한다는 말을 하기가 왠지 쑥스러웠다. |

---

1 처음 만난 친구

1. 전학 온 친구의 기분이 어땠는지 말해 봅시다.

1) 듣고 따라 해 보세요. 🔊 16

2) 아래처럼 대화해 보세요.

> 가: 리암은 지금 기분이 어때요?
> 나: 쑥스러워요.

> | | |
> |---|---|
> | 부끄럽다 [부끄럽따] | 쑥스럽거나 수줍다.
🔴 부끄럽게 말하다.
　지수는 사람들이 귀엽다고 할 때마다 부끄럽게 웃어 보였다. |
> | 불안하다 | 마음이 편하지 않고 조마조마하다.
🔴 불안한 마음.
　내 발표 순서가 다가올수록 점점 불안하고 초조했다. |
> | 창피하다 | 체면이 깎이는 어떤 일이나 사실 때문에 몹시 부끄럽다.
🔴 창피한 일.
　지수와 승규는 창피한 줄도 모르고 사람들이 보는 앞에서 큰 소리로 싸웠다. |
> | 당황스럽다 | 놀라거나 매우 급하여 어떻게 해야 할지를 모르다.
🔴 당황스러운 상황.
　친구가 갑자기 화를 내서 무척 당황스러웠다. |

4) 듣기 자료를 들려주고 따라 하게 한다.

> **듣기 자료 🔊 16**
>
> ① 쑥스럽다　　② 부끄럽다　　③ 불안하다
> ④ 당황스럽다　　⑤ 창피하다

2. 1의 그림을 보며 친구와 〈보기〉와 같이 대화해 봅시다.

〈보기〉
가: 너는 처음 전학 왔을 때 기분이 어땠어?
나: 나는 좀 불안했어.
가: 그랬구나. 왜 불안했어?
나: 친구들이 나를 안 좋아할까 봐 그랬어.

① 당황스럽다 – 피부색이 달라서 친구들이 이상하게 생각하다
② 창피하다 – 나만 한국어를 못하다
③ 부끄럽다 – 한국어 발음을 틀리다

3. 처음 전학 왔을 때 기분이 어땠는지 이야기해 봅시다.

제가 처음에 우리 학교에
전학 왔을 때는 좀 불안했어요.
한국말도 잘 모르고, 친구들이
저를 안 좋아할까 봐 그랬어요.
그런데 지금은 한국말도 잘 하게 됐고,
친구들하고도 잘 지내요.

5. 알기 쉽게 설명해 준 덕분에 이해했어 • 91

91

5) 새 낱말을 이용해 교사와 전체 학생 또는 교사와 개별
학생으로 역할을 나누어 교재 1-2)의 대화를 만들어
봄으로써 낱말의 의미와 소리를 익히도록 한다.

3 문법 제시, 연습 – 10분

1) 2번 문제의 대화를 교사를 따라 말해 보고, 학생들끼리
읽어 보게 한다.

2) 대화의 맥락 속에서 목표 문법인 '-을까 봐'의 의미를
다음과 같이 설명한다.

   🔵 리암은 처음 전학 왔을 때 '친구들이 나를 안 좋아하면 어
   떡하지?' 하고 걱정이 됐어요. 그래서 마음이 불안했어요.
   리암은 '친구들이 나를 안 좋아할까 봐' 불안했어요. 이렇
   게 걱정되는 일을 말할 때 '안 좋아할까 봐, 틀릴까 봐, 넘
   어질까 봐'와 같이 말해요.

3) 학생들과 함께 2번의 ①~③을 〈보기〉와 같은 대화로
만들어 본다.

4) 교사와 전체 학생으로 대화해 보고, 교사와 개별 학생,
개별 학생과 개별 학생으로도 대화해 본다.

문법 지식

-을까 봐

· 어떤 행위가 발생하거나 어떤 상황이 될 것을 우려할 때 사
용한다.

· 동사, 형용사와 다음과 같이 결합한다.

	조건	형태	예시
①	받침 ○	-을까 봐	작을까 봐, 늦을까 봐, 먹을까 봐, 앉을까 봐
②	받침 ✕, ㄹ받침	-ㄹ까 봐 (어간 'ㄹ' 탈락)	볼까 봐, 아플까 봐, 클까 봐, 살까 봐, 달까 봐

· '-을까 봐(서)'와 같은 형태로도 쓰이며, 추측의 '-겠-'과
결합하지 않는다.

4 적용 – 12분

1) 3번 말풍선을 다 같이 읽고 교사의 질문에 대답하게
한다.

   🔵 그림 속 친구는 처음에 학교에 전학 왔을 때 기분이 어땠
   어요? 왜 불안했어요? 지금은 어떻게 지내요?

2) 지금의 초등학교에 전학 왔을 때 기분이 어땠는지 이
야기해 보게 한다.

   🔵 ○○는 처음 우리 학교에 전학 왔을 때 기분이 어땠어
   요? 왜 그런 기분을 느꼈어요? 지금은 어때요?

5 정리 – 2분

1) 익힘책 66~67쪽을 풀게 한다.

   ※ 유의점: 이때 익힘책 1, 2번은 교재 1번 어휘 학습 후에 이어
   서 풀어도 좋다. 그리고 익힘책 3번은 교재 2번 문법 학습 후
   에 이어서 풀어도 좋다.

2) 배운 어휘와 표현을 사용해 대답할 수 있도록 질문한
다. 이때 학생의 대답을 듣고 배운 어휘와 표현을 잘
사용할 수 있는지 점검한다.

   🔵 여러분은 어떨 때 불안했어요? 그리고 어떨 때 창피했어
   요? 왜 그렇게 느꼈어요?

3) 숙제를 알려 주고, 다음 차시 예고를 한다.

2차시 고마운 친구

· **주요 학습 내용**

> 어휘
> 감동하다, 든든하다, 놀라다, 감격하다
> 문법 및 표현
> -는 덕분에
> 준비물
> 듣기 자료, 편지지

· **학습 목표**
· 친구에게 고마움을 표현할 수 있다.

① 도입 – 3분

1) 그림을 보면서 리암이 무엇을 하는지 이야기해 보게 한다.
   - 🔵 리암이 무엇을 하고 있어요?
   - 🔵 누구에게 편지를 쓰는 것 같아요?
   - 🔵 왜 편지를 쓸까요?

2) 리암이 친구들에게 고마워서 편지를 쓴다는 이야기를 시작으로 차시 주제인 고마운 친구에 대해 이야기를 나누도록 한다.
   - 🔵 여러분도 친구에게 고마웠던 적이 있어요?

② 어휘 제시, 설명 – 10분

1) 그림을 보며 리암이 어떤 일로 친구들에게 고맙다는 편지를 쓰는지 이야기하면서 목표 어휘를 도입한다.
   - 🔴 왜 편지를 쓸까요?
   - 🔴 친구들에게 어떤 일로 고마워서 편지를 쓸까요?

2) 듣기 자료를 들으면서 낱말을 가리키고 따라 하게 한다.

> **듣기 자료** 🎧 17
> ① 감동하다   ② 든든하다
> ③ 놀라다   ④ 감격하다

3) 각 낱말이 무슨 뜻인지 그림의 상황을 통해 다시 한번 제시한다.
   - 🔴 지민이가 리암에게 알림장을 친절히 설명해 주고 있어요. 리암의 기분이 어땠어요? 맞아요. 고맙다는 느낌을 아주 크게 느꼈어요. 이럴 때 '감동했어요'라고 말해요.

어휘 지식	
감동하다 [감:동하다]	크게 느껴 마음이 움직이다. 🟠 친절에 감동하다. 어려움을 이기고 성공한 청년의 이야기에 감동해서 눈물이 나왔다.
든든하다	어떤 것에 대한 믿음이 있어서 마음이 굳세다. 🟠 힘들지만 가족들이 함께 있어 든든하다. 아버지는 언제나 든든한 존재였다.

---

② 고마운 친구

1. 편지를 읽고 질문에 답해 봅시다.

1) 듣고 따라 해 보세요. 🎧 17
2) 누가 누구에게 쓴 편지예요?

> 지민이에게
> 지난번 알림장을 쓸 때 도와줘서 정말 고마워.
> 한국어가 익숙하지 않았는데, 네가 알기 쉽게
> 설명해 준 덕분에 쉽게 이해했어. 그때 참 감동
> 했어.
> 학교생활이 어렵지만 너처럼 좋은 친구가 있어
> 서 안심이 돼.
> 그런데 너 글씨가 참 예쁘더라. 그럼, 또 만나자.
> 너의 친구 리암으로부터

92

놀라다 [놀:라다]	뜻밖의 일을 당하거나 무서워서 순간적으로 긴장하거나 가슴이 뛰다. 🟠 고함 소리에 놀라다. 낯선 사람이 불쑥 나타나서 깜짝 놀랐다.
감격하다 [감:겨카다]	마음에 깊이 느껴 매우 감동하다. 🟠 선물에 감격하다. 대회에서 일등을 한 선수는 감격한 표정으로 소감을 말했다.

4) 배운 어휘를 사용해 리암이 어떤 감정을 느끼는지 질문에 대답한다. 교사와 전체 학생 또는 교사와 개별 학생으로 질문하고 대답한다.
   - 🔴 지민이가 알림장을 설명해 주었을 때 리암의 기분이 어땠어요?
   - 🔴 하미가 리암에게 전화해서 준비물을 다 챙겼는지 물어봐 주었을 때 리암의 기분이 어땠어요?
   - 🔴 저밍이 걱정이 돼서 리암의 집에 찾아와 주었을 때 리암의 기분이 어땠어요?
   - 🔴 아이다가 리암에게 학교를 안내해 주었을 때 리암의 기분이 어땠어요?

감동하다, 든든하다,
놀라다, 감격하다

-는 덕분에

3) 다음과 같이 대화해 보세요.

> **가:** 친구가 도와줬을 때 기분이 어땠어요?
> **나:** 그때 참 감동했어요.

2. 〈보기〉와 같이 문장을 연결해 친구에게 고마운 점을 말해 봅시다.

 알기 쉽게 설명해 주다/쉽게 이해하다
➡ 알기 쉽게 설명해 준 덕분에 쉽게 이해했어.

 준비물을 다 챙겼는지 전화해 주다/잊지 않고 잘 챙기다
➡ _____

 병문안을 와 주다/기운이 나다
➡ _____

 학교 여기저기를 안내해 주다/학교생활에 익숙해지다
➡ _____

3. 친구에게 감사 편지를 써 봅시다.

하미에게
지난주에 준비물을 다 챙겼는지 전화해 준 덕분에
잊지 않고 잘 챙겼어. 그때 참 든든했어. 고마워.
너의 친구 리암으로부터

5. 알기 쉽게 설명해 준 덕분에 이해했어 • 93

93

5) 1-3)을 보며 배운 어휘를 사용해 친구의 도움을 받았을 때의 느낌을 자유롭게 이야기해 보도록 한다.
　🔘 여러분은 친구에게 어떤 도움을 받았나요?
　🔘 그때 느낌이 어땠나요?

3 문법 제시, 연습 - 12분

1) 다 같이 편지글을 읽으면서 맥락을 통해 '-는 덕분에'의 의미를 다음과 같이 설명한다.
　🔘 처음에 알림장을 잘 이해하지 못했어요. 그런데 어떻게 이해하게 됐어요? 지민이가 알기 쉽게 설명해 주었어요. 그래서 이해할 수 있었지요? 리암은 지민이가 알기 쉽게 설명해 준 덕분에 이해했어요.

2) 다 같이 편지를 읽어 보게 한다.

3) 2번 문제의 〈보기〉 그림을 보며 '-는 덕분에'를 사용해 문장을 연결해 보게 한다.

4) 나머지 문제도 그림을 보고 교사와 함께 문장을 만들어 보고, 빈칸에 만든 문장을 써 보도록 한다.

문법 지식

-는 덕분에
· 어떤 일이 다른 일에 긍정적인 영향을 끼쳤을 때 사용한다.

	조건	형태	예시
동사	받침 ○	-는 덕분에	먹는 덕분에, 찾는 덕분에
	ㄹ받침	-는 덕분에 (어간 'ㄹ' 탈락)	파는 덕분에, 사는 덕분에

· '명사+덕분에'의 구성으로도 사용하며, 과거의 일의 경우는 '-은 덕분에'의 형태를 쓴다.

· '-는 덕분에'가 앞의 일이 긍정적인 영향을 줄 때 사용한다면, '-는 바람에'는 주로 앞의 일이 부정적인 영향을 끼칠 때 사용한다.

5) 다 쓴 문장을 한 명씩 말해 보도록 한다.

4 적용 - 10분

1) 3번의 〈보기〉 그림을 보며, 리암이 하미에게 어떤 일을 고맙게 생각하는지 '-는 덕분에'를 사용해 말하게 한다.

2) 리암이 하미에게 쓴 감사 편지를 다 같이 읽어 보도록 한다.

3) 익힘책 71쪽 4번에 제시된 친구들의 편지를 눈으로 빨리 훑어 읽고, 하미와 요우타가 누구에게 편지를 썼는지, 왜 썼는지 말해 보게 한다.

4) 빈칸을 채워 하미와 요우타의 감사 편지를 완성하도록 한다.

5) 학생을 지목해 완성한 편지를 소리 내어 읽어 보게 한다.

6) 정답을 칠판에 써 주어 확인하게 한다.

5 정리 - 25분

1) 익힘책 68~71쪽을 풀게 한다.
　※ 유의점: 이때 익힘책 1번은 교재 1번 어휘 학습 후에 이어서 풀어도 좋다. 그리고 익힘책 2, 3번은 교재 2번 문법 학습 후에 풀게 할 수 있다.

2) 학생들에게 친구에게 어떤 일로 고마움을 느꼈는지 묻고, 학생들이 '-는 덕분에'를 사용해서 적절하게 답하는지 확인한다.

3) 숙제를 알려 주고, 다음 차시 예고를 한다.

5단원 알기 쉽게 설명해 준 덕분에 이해했어 • 75

· 주요 학습 내용

> **어휘**
> 잃어버린 물건을 찾다, 친구와 수다를 떨다, 심부름을 하다,
> 놀이터에서 놀다, 숙제를 하다, 동생을 달래다
>
> **문법 및 표현**
> -느라고
>
> **준비물**
> 듣기 자료

· **학습 목표**
· 자신이 한 일에 대한 이유를 말할 수 있다.

1 도입 - 3분

1) 1번 그림을 보면서 지민이가 무엇을 하고 있으며, 어떤 상황인지 짐작해 보게 한다.

  🔵 지민이가 무엇을 하고 있어요?

  🔵 무슨 문제가 있는 것 같아요?

2) 그림의 장면 이후에 어떤 일이 있을 것 같은지 추측해 보게 한다.

  🔵 나중에 친구들을 만났을 때 친구들이 어떤 말을 할까요? 생각해 보세요.

2 어휘 제시, 연습 - 10분

1) 그림을 보며 친구들이 왜 전화를 안 받는지 이야기해 보게 함으로써 새 어휘를 도입한다. 학생들이 이미 알고 있는 어휘가 있는지 확인한다.

2) 듣기 자료를 들으면서 낱말을 가리키고 따라 하게 한다.

3) 각 낱말이 무슨 뜻인지 그림의 상황을 통해 다시 한번 제시한다.

  🔵 지민이가 전화했을 때 저밍은 무엇을 하고 있었어요? 아마 엄마가 "마트에서 두부 좀 사 와라."라고 말씀하셨을 거예요. 그래서 저밍은 마트에 다녀왔어요. 지민이가 전화했을 때 저밍은 엄마 심부름을 하고 있었어요.

> **듣기 자료 🔊 18**
> ① 잃어버린 물건을 찾다　　② 친구와 수다를 떨다
> ③ 심부름을 하다　　　　　　④ 놀이터에서 놀다
> ⑤ 숙제를 하다　　　　　　　⑥ 동생을 달래다

어휘 지식	
찾다 [찯따]	무엇을 얻거나 누구를 만나려고 여기저기를 살피다. 🔵 잃어버린 지갑을 찾았다. 직업 소개소에는 일자리를 찾는 사람들이 많다.
수다를 떨다	쓸데없이 말을 많이 하다. 🔵 나는 오랜만에 만난 친구들과 수다를 떨었다. 친구의 수다가 한번 시작되면 끝없이 이어졌다.

---

③ 내가 그렇게 한 이유

1. 그림을 보고 이야기해 봅시다.

1) 듣고 가리키며 따라 하세요. 🔊 18

2) 그림을 보며 친구와 다음과 같이 묻고 답해 보세요.

> 가: 전화가 왔을 때 저밍은 무엇을 하고 있었어요?
> 나: 엄마 심부름을 하고 있었어요.

3) 잘 듣고 따라 하세요. 🔊 19

심부름을 하다	다른 사람이 시키는 일이나 부탁 받은 일을 하다. 🔵 오후에는 아버지의 담배 심부름을 했다. 아이는 가게에서 심부름을 하며 지냈다.
달래다	다른 사람을 어르거나 타일러 힘든 감정이나 기분을 가라앉게 하다. 🔵 여인은 아기를 달래서 재웠다. 친구는 나를 따뜻한 위로의 말로 달래 주었다.

4) 그림을 가리키며 다시 질문하고, 학생들이 책을 보며 대답하게 한다.

  🔵 지민이가 전화했을 때 저밍은 무엇을 하고 있었어요?

  🟢 엄마 심부름을 하고 있었어요.

3 문법 제시, 연습 - 5분

1) 듣기 자료를 듣고 대화를 따라 하며 '-느라고'를 도입한다.

> **듣기 자료 🔊 19**
> 지민: 어제 왜 전화를 안 받았어?
> 저밍: 미안해. 엄마 심부름을 하느라 못 받았어.

심부름을 하다, 친구와 수다를
떨다, 잃어버린 물건을 찾다,
동생을 달래다, 숙제를 하다,
놀이터에서 놀다

-느라고

2. 그림을 보고 지민이의 전화를 못 받은 이유를 말해 봅시다.

〈보기〉
가: 어제 무슨 일이 있었어? 왜 전화를 안 받았어?
나: 미안해. 친구와 수다를 떠느라고 못 받았어.

① ② ③

④ ⑤

3. 이유를 말해 봅시다.

1) **선생님**: 숙제를 왜 안 했어요?
   나: _____느라고 못 했어요.

2) **친구**: 약속 시간에 왜 이렇게 늦게 나왔어?
   나: _____.

3) **엄마**: 왜 방 정리를 아직까지 안 했니?
   나: _____.

5. 알기 쉽게 설명해 준 덕분에 이해했어 • 95

95

문법 지식

-느라고

· 어떤 행동 때문에 다른 일을 하지 못했거나 부정적인 결과에 대한 원인이나 이유를 나타낼 때 사용한다.

· 동사와 다음과 같이 결합한다.

	조건	형태	예시
①	받침 ○, ×	-느라고	가느라고, 먹느라고, 듣느라고, 돕느라고
②	ㄹ받침	-느라고 (어간 'ㄹ' 탈락)	노느라고, 파느라고

· 뒤 절에 청유문이나 의문문이 올 수 없고, 앞 절과 뒤 절의 주어가 서로 같아야 하며, 과거의 '-었-', 미래의 '-겠-'과 결합하지 않는다.

4 적용 – 5분

1) 3번의 각 상황에서 어떤 일을 하지 않은 이유를 '-느라고'를 사용해 말해 보게 한다. 먼저 교사의 질문에 대해 학생들이 답을 말하고, 자신이 말한 답을 써 보게 한다.

🔵 선생님이 숙제를 안 한 학생에게 숙제를 왜 안 했냐고 물어봐요. 여러분이 숙제 안 한 학생이 되어서 대답해 보세요.

🔵 친구하고 약속을 했는데 늦었어요. 친구가 왜 늦게 나왔냐고 물어봐요. 여러분이 약속에 늦은 친구가 되어서 질문에 대답해 보세요.

🔵 엄마가 방 정리를 왜 안 했냐고 물어보세요. 여러분은 어떻게 대답할 거예요?

2) 쓴 답을 바탕으로 교사의 질문에 대답해 보게 한다.

5 정리 – 2분

1) 익힘책 72~75쪽을 풀게 한다.

   ※ 유의점: 이때 익힘책 1번은 교재 1번 어휘 학습 후에 이어서 풀어도 좋다. 그리고 익힘책 2, 3번은 교재 2, 3번 문법 학습 후에 이어서 풀어도 좋다. 익힘책 4번의 경우, 우선 누가 누구에게 쓴 편지인지 말해 보게 한다. 그리고 어떤 내용인지 함께 큰 소리로 읽으며, 빈칸이 나오면, 빈칸 아래에 있는 그림을 보며 들어갈 말을 추측해 보게 한다. 그다음에 빈칸에 들어갈 말을 써 보게 한다. 칠판에 정답을 써서 자신이 쓴 답과 확인할 수 있도록 한다. 마지막으로 학생 한 명을 지목해 전체 글을 읽어 보게 한다.

2) 어떤 일을 해야 하는데 하지 못한 상황을 '-느라고'를 사용해 말해 보게 함으로써 목표 문법을 잘 이해하고 적절히 사용할 수 있는지 확인한다.

3) 숙제를 알려 주고, 다음 차시 예고를 한다.

---

2) 대화의 상황 맥락 속에서 '-느라고'의 의미를 다음과 같이 설명한다.

🔵 어제 지민이가 전화했을 때 저밍은 왜 전화를 못 받았어요?

🔵 저밍은 그때 엄마 심부름을 하고 있었어요. 그래서 전화를 못 받았어요. 이렇게 어떤 일을 못한 이유를 이야기할 때 "심부름을 하느라 못 받았어, 숙제하느라 못 받았어, 자느라 못 받았어."라고 말해요.

3) 2번 〈보기〉와 같이 친구들이 지민이의 전화를 못 받은 이유를 '-느라고'를 사용해 말해 보게 한다. 교사와 전체 학생으로 먼저 대화를 만들어 본 후 교사와 개별 학생, 개별 학생과 개별 학생으로 대화해 본다.

🔵 지민이가 어제 친구들에게 전화를 했는데, 친구들이 다 전화를 안 받았어요. 그래서 오늘 친구들을 만나서, 그 이유를 물어봤어요. 그림을 보고 친구들이 왜 지민이 전화를 못 받았는지 말해 봅시다.

🔵 두 사람씩 지민이와 친구가 되어서 그림을 보고 대화를 해 봅시다.

4차시 거절하는 방법

· **주요 학습 내용**

> **어휘**
> 번갈아 하다, 다음으로 미루다, 약속을 다시 정하다,
> 대신해 주다, 시범을 보여 주다
>
> **문법 및 표현**
> -으면 안 될까?
>
> **준비물**
> 듣기 자료

· **학습 목표**
· 친구의 마음이 상하지 않게 거절하며 제안할 수 있다.

① 도입 – 5분

1) 1번 그림을 보면서 어떤 상황인지 이야기한다. 첫 번째 그림에 대해서는 다음과 같이 들려준다.

> 선 친구들 사이에 어떤 일이 있을까요? 농구공을 들고 있는 하미의 표정이 안 좋아 보이죠? 지민이가 뭐라고 했어요? 하미는 어떻게 말하고 싶을까요? 지민이가 공을 한 번 던졌으니 그다음에는 자기가 던지겠다고 말하고 싶을 거예요.

2) 오늘은 친구의 마음을 상하지 않게 거절하는 말하기를 연습할 것임을 예고한다.

② 어휘 제시, 연습 – 10분

1) 그림의 상황을 보며 낱말의 뜻을 추측하게 한다. 이때 학생들이 이미 알고 있는 어휘를 확인한다.

2) 상황 맥락 속에서 낱말의 뜻을 설명한다.

어휘 지식	
번갈아 하다	여럿이 어떤 일을 할 때, 일정한 시간 동안 한 사람씩 차례를 바꾸어 하다. 예 번갈아 운전하다. 　우리 부부는 매일 번갈아 가며 집안일을 한다.
미루다	일이나 정해진 때를 나중으로 넘기다. 예 약속을 미루다. 　이번 주말에는 한 주 내내 미뤄 놓은 집안일을 하려고 한다.
약속을 정하다	다른 사람과 어떤 일을 하기로 미리 정하다. 예 친구와 다음 주에 만날 약속을 정했다. 　나는 약속을 정하기 전에 아이 일정을 먼저 확인한다.
시범을 보여 주다	모범이 되는 본보기를 보여 주다. 예 선생님은 어려운 동작을 먼저 시범을 보여 주셨다. 　시범을 보여 주시면 따라 할게요.

3) 듣기 자료를 들려주고 따라 하게 한다.

> **듣기 자료** 🔊 20
> ① 번갈아 하다
> ② 다음으로 미루다
> ③ 약속을 다시 정하다
> ④ 대신해 주다
> ⑤ 시범을 보여 주다

---

④ 거절하는 방법

1. 잘 듣고 이야기해 봅시다.

번갈아 하다　　다음으로 미루다

약속을 다시 정하다　　대신해 주다

시범을 보여 주다

1) 듣고 따라 하세요. 🔊 20

2) 아래와 같이 대화해 보세요.

> 가: 어떻게 하는 게 좋겠어?
> 나: 번갈아 하는 게 좋겠어.

4) 학습한 낱말을 이용해 교재 1-2)의 대화를 만들어 본다. 교사와 전체 학생으로 같이 대화를 만든 후 교사와 개별 학생으로 말해 보게 하고, 연습이 더 필요하면 짝끼리 연습해 보게 한다. 이후 발표를 시켜 볼 수도 있다.

가: 어떻게 하는 게 좋겠어?
나: 번갈아 하는 게 좋겠어.

③ 문법 제시, 연습 – 10분

1) 배운 어휘를 사용해 2번의 〈보기〉와 같이 친구의 기분이 상하지 않게 말해 본다.

> 선 하미는 이번에도 공을 자기가 던지겠다는 지민이의 말을 거절할 때 어떻게 말했어요? 하미가 되어 지민이의 말에 대답해 보세요.

2) 네 개의 그림이 나타내는 상황에 맞는 대화를 만들어 보고, 교사와 전체 학생의 대화로 확인한다. 필요하면 교사와 개별 학생, 개별 학생과 개별 학생의 대화로 확장해 볼 수 있다.

번갈아 하다, 다음으로
미루다, 약속을 다시 정하다,
대신해 주다, 시범을 보여 주다

 -으면 안 될까?

2. 그림을 보고 친구의 기분이 상하지 않게 말해 봅시다.

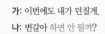 가: 이번에도 내가 던질게.
나: 번갈아 하면 안 될까?

3. 친구의 기분이 상하지 않게 대화를 완성해 봅시다.

시간 안에 끝내자. 벌써 한 시간째야.

좀 쉬었다가 하다

우리가 자리를 양보해 드리다

나도 끼워 주다

5. 알기 쉽게 설명해 준 덕분에 이해했어 • 97

97

---

④ 적용 – 10분

1) 3번 그림이 어떤 상황을 나타내는지 말해 보게 한다.

2) 상황에 맞게 친구의 기분이 상하지 않도록 대화를 완성해 보게 한다.

⑤ 정리 – 2분

1) 익힘책 76~79쪽을 풀게 한다.

 ※ 유의점: 이때 익힘책 1, 2번은 교재 1번 어휘 학습 후에 이어서 풀어도 좋다. 그리고 익힘책 3번은 교재 2번 문법 학습 후에 이어서 풀어도 좋다. 익힘책 4번은 교재 3번에 이어서 할 수 있다.

2) 친구의 기분이 상하지 않게 '-으면 안 될까?'를 사용해 말해 봄으로써 학습한 문법을 잘 이해하고 사용할 수 있는지 확인한다.

3) 숙제를 알려 주고, 다음 차시 예고를 한다.

문법 지식

-으면 안 될까?

· 듣는 사람에게 어떤 행동을 해도 되는지 허락을 구하거나 어떤 일을 할 것을 요청할 때 사용한다.

· 동사와 다음과 같이 결합한다.

	조건	형태	예시
①	받침 ○	–으면 안 될까?	먹으면 안 될까?, 찾으면 안 될까?
②	받침 ×, ㄹ받침	–면 안 될까?	가면 안 될까?, 놀면 안 될까?

· 과거의 '-었-', 미래 · 추측의 '-겠-'과 결합하지 않는다.

5단원 알기 쉽게 설명해 준 덕분에 이해했어 • 79

5차시 '짝 찾기' 놀이 하기

• **학습 목표**
• 학습한 어휘와 문법을 이용해 짝 찾기 놀이를 할 수 있다.

1 도입, 말하기 전 – 10분

1) 부모님이나 선생님 말을 잘 안 들은 적이 있는지 질문하면서 듣기 내용을 도입한다.

> 신 여러분도 부모님이나 선생님 말씀을 잘 안 들은 적이 있어요? 무슨 일이었어요?

> 신 성우도 엄마 말씀을 잘 안 들었나 봐요. 무슨 일이 있는지 들어 봅시다.

2) 듣기 자료를 듣고 1-1)에서 성우가 무엇을 하고 있는지를 나타내는 그림에 표시하게 한다.

> **듣기 자료 21**
> 엄마: 성우야, 축구공 치웠니?
> 성우: 만화 보느라 아직 못 치웠어요.
> 엄마: 아직도 안 치웠어? 빨리 치우라니까.
> 성우: 지금 보는 만화만 다 보고 치우면 안 될까요?
> 엄마: 너나 네 동생이 실수로 공을 밟고 넘어질까 봐 그래. 어서 치워.
> 성우: 아, 알겠어요. 지금 치울게요.

3) 다시 한번 듣기 자료를 들으며, 1-2)에서 성우가 이제 무엇을 할 것인지를 나타내는 그림에 표시하게 한다.

4) 학생들에게 다음과 같은 질문을 함으로써 듣기의 내용 이해를 돕는다. 이때 학습한 문법을 사용해 들은 내용을 말해 보게 한다.

> 신 엄마는 성우에게 무엇을 하라고 했어요?
> 신 성우는 축구공을 왜 아직 못 치웠어요?
> 신 엄마는 왜 지금 공을 치우라고 했어요?

5) 다시 듣기 자료를 들으면서 내용을 정리한다. 이때 듣기 자료를 한 문장씩 따라 말해 보거나 한 번 들려준 후 내용을 기억해서 엄마와 성우의 대화를 재구성해 볼 수 있다.

2 말하기 중 – 12분

1) 2번 〈보기〉 그림을 보며 무슨 상황인지 추측해 본다.

2) 〈보기〉 그림의 상황을 설명해 주고, 학생들을 두 그룹으로 나누어 대화를 읽어 보게 한다.

3) 두 문제의 그림도 위와 같은 방법으로 상황을 이야기해 보고, 교사와 함께 〈보기〉와 같은 대화를 만들어 본다.

4) 학생들을 역할을 나누어 문제의 대화를 다시 한번 말해 보게 한다.

3 말하기 후 – 18분

1) 교사와 같이 놀이 방법을 읽어 본다.

2) 교사가 주어진 문법을 사용해 문장 만들기 시범을 보인다.

3) 〈부록〉의 글자 카드를 이용해 놀이를 진행한다.

4) 놀이에서 가장 재미있었다고 생각한 문장을 말해 보게 한다.

5) 숙제를 알려 주고, 다음 차시 예고를 한다.

6 감사 편지 쓰기

1. 다음 편지를 읽고 질문에 대답해 봅시다.

> 선생님께
>
> 선생님, 안녕하세요? 저 리암이에요.
>
> 처음 한국에 왔을 때는 정말 당황스러웠어요.
>
> 한국어도 모르고 한국 문화도 익숙하지 않았거든요.
>
> 그런데 선생님께서 한국어를 잘 가르쳐 주신 덕분에
>
> 한국 생활에 익숙해졌어요. 정말 감사합니다.
>
> 앞으로 더 열심히 공부할게요.
>
> 리암 올림

1) 누가 누구에게 쓴 편지예요?

(   )이/가 (   )에게/께

2) 글쓴이는 처음 한국에 왔을 때 어땠어요?

3) 글쓴이는 왜 선생님께 감사해요?

2. 다음을 보고 감사 편지를 완성해 봅시다.

- 지민 → 엄마
- 아끼는 팔찌를 잃어버려서 속상하다
- 엄마가 팔찌를 찾아 주다 → 기쁘다
- 앞으로 물건을 잘 챙기다

> 엄마께
>
> 엄마, 안녕하세요? 저 지민이에요.
>
> 어제는 아끼는 팔찌를 잃어버려서 무척 속상했어요.
>
> 그런데 엄마가 팔찌를 찾아 주신 덕분에 정말 기뻤어요.
>
> 정말 감사해요.
>
> 앞으로 물건을 잘 챙길게요.
>
> 지민 올림

- 요우타 → 선생님
- 친구들과 오해가 생겨서 우울하다
- 선생님이 친구들에게 내 사정을 잘 설명해 주다 → 안심하다
- 앞으로 친구들과 사이좋게 지내다

_____

_____

_____

_____

3. 고마운 사람에게 감사 편지를 써 봅시다.

_____

_____

_____

6차시 감사 편지 쓰기

- **학습 목표**
- 고마운 사람에게 감사 편지를 쓸 수 있다.

1 도입, 쓰기 전 – 5분

1) 학생들에게 편지를 소리 내어 읽도록 하고, 내용을 이해했는지 질문을 한다.

- 선 누가 누구에게 쓴 편지예요?
- 선 리암은 한국에 처음 왔을 때 어땠어요?
- 선 리암은 왜 선생님께 감사해요?

2) 다음과 같이 내용 이해 질문을 하여 전체 내용을 상세히 이해할 수 있도록 돕는다.

- 선 리암은 앞으로 어떻게 할 거예요?

3) 리암이 선생님께 왜 편지를 썼는지 이야기하면서 감사 편지 쓰기를 준비한다.

2 쓰기 중 – 25분

1) 2번 첫 번째 쪽지를 보고 감사 편지에 들어갈 내용을 말해 보게 한다.

2) 학생들에게 감사 편지를 소리 내어 읽게 한다.

3) 두 번째 쪽지를 보고 감사 편지에 들어갈 내용을 말해 보게 한다.

4) 말한 내용을 바탕으로 감사 편지를 써 보게 한다.

5) 쓴 편지를 발표하게 하고, 교사가 어떤 부분을 어떻게 수정하면 좋은지 알려 준다.

6) 3번처럼 고마운 사람을 떠올리고, 어떤 일이 고마운지 구체적으로 말해 보게 한다.

- 선 여러분도 고마운 사람이 있죠? 누구에게 고마운지 머릿속으로 한 번 떠올려 보세요. 그리고 어떤 일이 고마운지 생각해 봅시다. 다 생각했으면, 한 번 발표해 봅시다.

7) 6)에서 떠올린 고마운 사람에게 편지를 써 보게 한다.

3 쓰기 후 – 10분

1) 학생들이 쓴 편지를 발표하게 한다.

2) 숙제를 알려 주고, 다음 차시 예고를 한다.

⑦ 신문 상담 글 읽기

1. 신문 상담 글을 읽고 대답해 봅시다.

강수연 선생님의 고민 상담소

1

저는 두 달 전에 한국에 처음 왔어요. 한국어를 잘 못해서 친구들이랑 이야기하는 것이 좀 힘들었어요. 그래도 좋은 친구들을 만난 덕분에 학교생활이 어렵지 않았어요.

그런데 요즘 친구들이 저 몰래 제 얘기를 하는 것 같아요. 너무 섭섭하고 속상해요. 어떻게 하면 좋을까요?

저런, 친구들 때문에 굉장히 섭섭하고 속상하군요. 좋은 친구들이니까 몰래 나쁜 말을 하는 것은 아닐 거예요. 아마 오해가 있는 것 같아요.

우선, 친구들에게 자신의 마음을 솔직히 말해 보세요. 그리고 나서 담임 선생님을 찾아가 보세요. 선생님께서 잘 도와 주실 거예요.

1) 친구는 지금 기분이 어때요?

2) 친구는 어떤 고민이 있어요?

3) 강수연 선생님은 친구에게 어떻게 하라고 했어요?

2

선생님, 안녕하세요? 우리 반에는 두 달 전쯤 다른 나라에서 온 친구가 있어요. 저와 제 친구들은 그 친구와 사이좋게 지내고 있었어요. 점심시간에 밥도 같이 먹고, 수업 후에 축구도 같이 했어요.

그런데 어느 날부터 이 친구가 저희를 피하는 것 같아요. 저희는 걱정이 돼서 친구에게 무슨 일이 있는지 모여서 자주 이야기를 해요. 어떻게 하면 좋을까요?

정말 속상하겠어요. 친구를 걱정하는 것을 보니 다시 사이좋게 지낼 수 있을 거예요.

우선, 직접 만나서 친구에게 무슨 문제가 있는지, 다른 친구들에게 섭섭한 일은 없는지 물어보는 게 좋겠어요. 아마 작은 일로 오해가 생긴 것 같아요. 오해를 풀고 다시 좋은 친구 사이가 되기를 바랄게요.

1) 친구는 지금 기분이 어때요?

2) 친구는 어떤 고민이 있어요?

3) 강수연 선생님은 친구에게 어떻게 하라고 했어요?

7차시 신문 상담 글 읽기

· 학습 목표

• 신문의 상담 글을 읽고 이해할 수 있다.

1 도입, 읽기 전 – 5분

1) 어려운 일이 생겼을 때 경험을 말해 보게 하여 읽기로 도입한다.

🔵 여러분은 어려운 일이 생겼을 때 어떻게 해요?

🔵 누구에게 도와 달라고 해요?

2) 오늘 읽을 글이 신문의 고민 상담 코너에 실린 글이라는 것을 알려 주며, 비슷한 글을 읽은 적이 있는지 질문한다.

2 읽기 1 – 15분

1) 첫 번째 고민 글을 눈으로 읽어 보게 한 후 1-1), 2) 문제에 차례로 답하게 한다.

🔵 이 친구는 지금 기분이 어때요?

🔵 이 친구는 어떤 고민이 있어요?

2) 고민 글에 대한 상담 글을 눈으로 읽어 보게 한 후 1-3) 문제에 답하게 한다.

🔵 강수연 선생님은 이 친구에게 어떻게 하라고 했어요?

3) 다음과 같은 질문을 통해 글쓴이와 친구들이 어떤 상황에 있는지 짐작해 보게 한다.

🔵 이 친구의 학교 친구들은 어떤 친구들인 것 같아요?

🔵 학교 친구들이 정말 몰래 이 친구 이야기를 할까요?

🔵 그렇다면 왜 이 친구는 그렇게 느낄까요?

🔵 이 친구의 친구들은 어떻게 생각하고 있을까요?

3 읽기 2 – 15분

1) 두 번째 고민 글을 눈으로 읽어 보게 한 후 2-1), 2) 문제에 차례로 답하게 한다.

🔵 이 친구는 지금 기분이 어때요?

🔵 이 친구는 어떤 고민이 있어요?

2) 고민 글에 대한 상담 글을 눈으로 읽어 보게 한 후 2-3) 문제에 답하게 한다.

🔵 강수연 선생님은 이 친구에게 어떻게 하라고 했어요?

3) 첫 번째 상담 글과 두 번째 상담 글의 관계에 대해 생각해 본 후 다음과 같은 질문을 통해 글쓴이와 친구들이 어떤 상황에 있는지 이야기해 보게 한다.

🔵 글쓴이와 친구들은 다시 사이좋게 지낼 수 있을까요?

🔵 첫 번째 글을 쓴 친구와 두 번째 글을 쓴 친구들 사이에 어떤 오해가 있었을까요?

4 읽기 후 – 5분

1) 강수연 선생님의 상담 글에 나온 방법 외에 다른 좋은 방법이 있는지 이야기해 보게 한다. 또는 비슷한 고민을 한 적이 있었는지, 어떻게 해결했는지 이야기해 본다.

2) 숙제를 알려 주고, 다음 차시 예고를 한다.

8차시 생각 넓히기

- **학습 목표**
- 신체와 관련된 감정 표현을 이해하고 사용할 수 있다.

1 도입 – 10분

1) 1번 그림을 보면서 어떤 상황인지 이야기해 보게 한다.
   - 쌤 두 집이 어떻게 다른 것 같아요?
   - 쌤 가난한 집에 어떤 일이 일어났어요?

2) 각 상황마다 제시된 속담이 무슨 뜻인지 추측해 보게 한다.
   - 쌤 가난한 집이 갑자기 부자가 된 것을 보고 부자는 기분이 어땠을까요?
   - 쌤 '배가 아프다'는 무슨 뜻으로 쓰였을까요?

2 제시 – 7분

1) 각 속담의 의미를 교재 2번에 나온 것처럼 설명한다.

2) 각 속담이 적용될 수 있는 상황을 몇 가지 더 제시해 이해를 돕는다.

3) 제시한 상황에서 속담을 어떻게 적용할 수 있는지 안내한다.
   - 쌤 이럴 때 '손에 땀을 쥐게 한다.', '손에 땀을 쥐게 하는 경기네.' 이렇게 말해요.

3 연습, 활용 – 20분

1) 3번에 제시된 상황을 다 같이 읽어 보고, 어떤 속담이 적용될 수 있는지 말해 보게 한다.
   - 쌤 다 같이 왼쪽 말풍선을 읽어 봅시다.
   - 쌤 이런 상황에 어울리는 속담은 무엇일까요?

2) 해당하는 속담을 어떻게 표현할 수 있는지 말하고, 교재에 써 보게 한다.

3) 두 사람씩 짝을 지어 세 개의 속담 중 하나를 골라 속담이 적용될 수 있는 상황을 생각해 보게 한다.

4) 생각한 상황에 맞게 역할극을 하도록 한다.

5) 친구들 앞에서 역할극을 하도록 한다.

4 정리 – 3분

1) 신체와 관련된 한국어 속담 또는 다른 나라 속담 중에 아는 것을 이야기해 보게 한다.

6단원 • 달리기하다가 넘어지고 말았어요

● 단원의 개관

이 단원의 목표는 학생들이 일상생활과 학교생활에서 실수한 경험과 후회하는 일에 대해 이야기해 보고, 이에서 더 나아가 앞으로의 다짐을 표현해 보는 것이다. 이를 통해 일상생활과 학교생활에서 벌어지는 예기치 못한 상황에 잘 대처할 수 있는 능력을 기를 수 있다.

학습 목표	• 실수한 경험을 말할 수 있다. • 후회하는 일에 대해 이야기할 수 있다. • 앞으로의 일을 다짐할 수 있다.						
주제	장면		기능	문법	어휘	문화	담화 유형
	일상생활	학교생활					
실수와 후회	가정생활에서의 실수	학교생활에서의 실수	후회 표현하기 다짐을 말하기	-고 말다 -었구나 -을걸 -어야지	실수 관련 어휘 후회 관련 어휘	속담 알아보기	대화 일기 동화 다짐 글
	인간관계에서의 실수	학교에서의 실수와 대처					

● 차시 전개 과정

차시	차시 제목	성격	학습 내용	교재 쪽수	익힘책 쪽수
1	학교에서의 실수	필수	• 실수한 경험을 말할 수 있다.	108	82
2	교실에서의 실수	필수	• 상대방의 말에 공감하여 말할 수 있다.	110	86
3	후회하는 일	필수	• 후회하는 일에 대해 말할 수 있다.	112	88
4	친구와 사이좋게 지내기	필수	• 다짐하는 표현을 사용해 말하고 쓸 수 있다.	114	90
5	청개구리 이야기 읽기	선택	• 동화 〈청개구리 이야기〉를 읽고 이야기할 수 있다.	116	-
6	재미있는 실수 말하기	선택	• 재미있는 실수 이야기를 읽고 경험을 말할 수 있다.	118	-
7	다짐의 글 쓰기	선택	• 다짐의 글을 읽고 쓸 수 있다.	120	-
8	생각 넓히기	선택	• 속담 '원숭이도 나무에서 떨어진다'의 의미를 알고 사용할 수 있다.	122	-

● 단원 지도상의 유의점

◆ 초등학생 학습자를 고려하여 어휘, 문법을 분리하여 명시적으로 교수하지 않고, 주어진 장면과 상황, 내화 속에서 어휘 및 표현을 이해하고 연습할 수 있도록 한다.

◆ 필수 차시의 마지막 활용 문항은 매 차시 배운 어휘나 문법을 활용해 2~3문장 이상의 복문이나 대화로 말할 수 있도록 지도한다.

◆ 필수 차시에서 문법이나 낱말을 따라 쓰거나, 활용형을 연습하거나 하는 등의 기계적인 연습이 필요하면 익힘책의 관련 페이지를 수업 시간에 활용한다.

◆ 5차시 '청개구리 이야기 읽기'와 6차시 '재미있는 실수 말하기'의 내용이 학습자 수준보다 낮을 경우, 시중에 출판된 '청개구리 이야기', '아이스바 발견 이야기'를 활용할 수 있다.

· 주요 학습 내용

> **어휘**
> 물을 엎지르다, 길을 잃다, 배턴을 놓치다, 창문을 깨뜨리다,
> 넘어지다, 돌부리에 발이 걸리다, 헛발질을 하다,
> 친구와 부딪치다
> **문법 및 표현**
> -고 말다
> **준비물**
> 듣기 자료, 붙임 딱지

· 학습 목표
- 실수한 경험을 말할 수 있다.

1 도입 – 5분

1) 단원 도입 그림을 보면서 단원 주제인 '실수'에 대해 이야기를 나눈다.
   - 📗 성우가 무엇을 생각하고 있어요?
   - 📗 성우가 실수했던 생각을 하고 있어요. 여러분도 가끔 실수를 하죠? 사람들은 누구나 실수를 할 때가 있어요.

2) 단원 도입 질문으로 자신의 실수 및 후회에 대해 이야기해 보게 한다.
   - 📗 여러분은 어떤 실수를 한 적이 있어요?
   - 📗 실수하고 나서 후회한 적 있어요? 어떻게 후회했어요?
   - 📗 '친구 이름을 잘 기억할걸.', '숙제를 미리 할걸.' 하고 후회한 적이 있죠?

3) 도입 질문과 연계해 차시 학습 목표를 소개한다.
   - 📗 이번 시간에는 우리가 학교에서 하는 실수에 대해서 이야기해 볼 거예요.

2 어휘 제시, 연습 – 12분

1) 그림을 보며 학생들로 하여금 배울 낱말을 짐작해 보게 하고, 교사는 학생들이 알고 있는 낱말을 확인한다.
   - 📗 친구들이 무엇을 하고 있어요?

2) 듣기 자료를 들려주고 따라 하게 한다.

> **듣기 자료 🔊 22**
> ① 물을 엎지르다   ② 길을 잃다
> ③ 배턴을 놓치다   ④ 창문을 깨뜨리다
> ⑤ 넘어지다   ⑥ 돌부리에 발이 걸리다
> ⑦ 헛발질을 하다   ⑧ 친구와 부딪치다

3) 다시 듣기 자료를 듣고 각 낱말에 해당하는 붙임 딱지 를 붙이도록 한다.

4) 다음 질문에 대답하도록 하여 낱말의 의미와 소리를 익힌다.
   - 📗 지민이는 무슨 실수를 했어요?
   - 📗 물을 엎질렀어요.

---

1 학교에서의 실수

1. 친구들이 한 실수를 이야기해 봅시다. 🔊 22

   1) 잘 듣고 따라 하세요.

   2) 잘 듣고 붙임 딱지를 그림에 붙여 보세요. 붙임 딱지

2. 그림 속 친구들이 되어 다음과 같이 말해 봅시다.

   > 가: 무슨 일이 있었어?
   > 나: 달리기하다가
   >   넘어지고 말았어.

3. 실수한 경험을 이야기해 봅시다.

   1) 요우타는 무슨 실수를 했어요?

   2) 요우타는 왜 그런 실수를 했어요?

   3) 여러분은 어떤 실수를 한 적이 있어요?

108 · 의사소통 한국어 4

108

어휘 지식	
엎지르다 [업찌르다]	그릇 등을 넘어뜨려 담겨 있는 액체 등을 쏟아지게 하다. 예 물을 엎지르다. 옷에 엎지르다.
잃다 [일타]	길이나 방향을 찾지 못하게 되다. 예 길을 잃다. 방향을 잃다.
놓치다 [녿치다]	손에 잡거나 쥐고 있던 것을 잘못하여 놓아 버리다. 예 손에서 연필을 놓쳤다. 들고 있던 컵을 놓치고 말았다.
깨뜨리다	단단한 물건을 쳐서 조각이 나게 하다. 예 공을 던져 유리창을 깨뜨렸다. 설거지하다가 컵을 깨뜨렸다.
넘어지다	서 있던 사람이나 물체가 중심을 잃고 한쪽으로 기울어지며 쓰러지다. 예 나무가 바람에 넘어졌다. 그 선수는 균형을 잃고 넘어졌다.
돌부리에 발이 걸리다 [돌:뿌리]	발이 돌부리(땅속 돌이 땅 위로 튀어나온 부분)에 부딪히다. 예 돌부리에 발이 걸려 넘어지다. 돌부리에 발이 걸리지 않게 조심하다.

저는 달리기를 하다가 넘어졌어요. 앞 친구보다 빨리 가고 싶어서 빨리 뛰었는데, 갑자기 몸이 앞으로 기울어졌어요. 그래서 넘어지고 말았어요. 열심히 뛰었는데 아쉬웠어요.

물을 엎지르다, 길을 잃다, 배트를 놓치다, 창문을 깨뜨리다, 넘어지다, 돌부리에 발이 걸리다, 헛발질을 하다, 친구와 부딪치다

-고 말다

109

헛발질을 하다 [헏빨질]	목표물에 맞지 않고 빗나간 발길질을 하다. 예 실수로 헛발질하다. 그는 중요한 순간에 헛발질하여 득점에 실패했다.
부딪치다 [부디치다]	매우 세게 마주 닿게 되다. 예 이마를 식탁에 부딪쳐 혹이 났다. 배가 암초에 부딪쳐 산산조각이 났다.

3 문법 제시, 연습 – 10분

1) 교재 2번 문제의 대화를 교사를 따라 말해 보고, 학생들끼리 읽어 보게 한다.

2) 대화의 맥락 속에서 목표 문법인 '-고 말다'의 의미를 다음과 같이 설명한다.

   선 그림 속에서 요우타는 아주 열심히 뛰었어요. 그런데 넘어졌어요. 요우타의 마음이 어땠을까요? 아쉬웠겠지요. 이때 '넘어지고 말았어요.'라고 말해요.

3) 1번에서 학습한 어휘를 사용해 교사와 전체 학생으로 대화를 만들어 본다.

4) 1번에서 학습한 어휘를 사용해 교사와 개별 학생으로 대화를 해 본다.

문법 지식

-고 말다

· 어떤 일이 의도하지 않은 상태에서 결과적으로 일어났음을 나타내며, 기대와 다르게 일이 진행되어 안타깝거나 만족스러운 느낌, 어떤 일을 힘들게 이루어 냈다는 의미를 표현할 때 사용한다.

   ※ 이 차시에서는 주로 원하지 않은 일이 일어난 데에 대한 안타까움을 나타내는 뜻으로 쓴다.

· 동사와 결합하고, 어간 끝음절의 받침 유무에 관계없이 '-고'를 쓴다.

· 의지를 나타내는 '-겠-'이 붙으면 어떤 일을 이루려는 주어의 강력한 의지를 나타내는 의미로 사용된다.
   예 저는 한국어 시험에 합격하고 말겠어요.

---

4 적용 – 10분

1) 3번 말풍선을 다 같이 읽고 1), 2)번 질문에 대답하게 한다.

2) 3-3)의 질문에 대답하게 한다. 말풍선과 같이 자신의 경험을 목표 문법을 사용해 말해 보게 한다.

5 정리 – 5분

1) 익힘책 82~85쪽을 풀게 한다.

   ※ 유의점: 이때 익힘책 1, 2번은 교재 1번 어휘 학습 후에 이어서 풀어도 좋다. 그리고 익힘책 3번은 교재 2번 문법 학습 후에 이어서 풀어도 좋다. 익힘책 4번은 교재 3-2) 이후에 실수에 대한 자기 이야기를 하기 전 활동으로 활용할 수 있다. 즉 제시된 예시 발화를 읽어 보고, 빈칸 채우기를 해 예시 발화를 완성한 후 교재 3-3) 활동인 자기의 실수 경험을 말하게 할 수 있다.

2) 학생들이 배운 어휘와 표현을 사용해 대답할 수 있도록 질문한다.

   선 어떤 일을 잘하려고 했는데, 그만 실수를 한 적이 있죠? 이럴 때 '-고 말았어요'로 말할 수 있어요. 각자 한 가지씩 실수한 경험을 말해 봅시다.

3) 숙제를 알려 주고, 다음 차시 예고를 한다.

· 주요 학습 내용

어휘
깜빡 잊다, 잘못 가져오다, 잘못 알아듣다, 안 가져오다, 잘못 보다, 못 듣다, 잃어버리다

문법 및 표현
-었구나

준비물
듣기 자료

· 학습 목표
· 상대방의 말에 공감하여 말할 수 있다.

1 도입 - 3분

1) 그림을 보면서 1-1) 질문에 대답하게 한다.

🔴 그림을 보면서 친구들이 교실에서 어떤 실수를 했는지 말해 보세요.

2) 차시 주제인 학교에서의 실수에 대해 이야기를 나눈다.

🔴 여러분도 교실에서 이런 실수를 한 적 있어요? 어떤 실수를 했어요?

2 어휘 제시, 설명 - 10분

1) 듣기 자료를 들으면서 낱말을 가리키고 따라 하게 한다.

듣기 자료 🔊 23
① 잘못 가져오다 ② 깜빡 잊다 ③ 잘못 알아듣다
④ 잘못 보다 ⑤ 못 듣다 ⑥ 잃어버리다
⑦ 안 가져오다

2) 배운 어휘를 사용해 친구들이 무엇을 하는지 질문에 대답하게 한다. 교사와 전체 학생 또는 교사와 개별 학생으로 질문과 대답을 한다.

🔴 하미는 어떤 실수를 했어요?

어휘 지식	
깜빡 잊다	기억해야 할 것을 한순간 생각해 내지 못하다. 예 깜빡 잊고 문을 잠그지 않다. 나는 정신이 없어서 점심 약속을 깜빡 잊었다.
잘못 가져오다	챙겨 와야 할 물건이 아닌 다른 물건을 챙겨 오다. 예 교과서를 잘못 가져오다. 집 열쇠를 가져와야 하는데 자동차 열쇠를 잘못 가져왔다.
잘못 알아듣다	남의 말을 듣고 그 뜻을 제대로 이해하지 못하다. 예 이름을 잘못 알아듣다. 나는 선생님의 질문을 잘못 알아듣고 엉뚱한 대답을 했다.
잘못 보다	눈으로 보고 제대로 구별하여 알지 못하다. 예 글씨를 잘못 보다. 나는 책 제목을 잘못 보고 다른 책으로 생각했다.
잃어버리다 [이러버리다]	가졌던 물건을 흘리거나 놓쳐서 더 이상 갖지 않게 되다. 예 돈을 잃어버리다. 나는 좋아하던 우산을 잃어버려서 기분이 나빴다.

2 교실에서의 실수

1. 친구들에게 무슨 일이 있는지 이야기해 봅시다.

   1) 친구들이 어떤 실수를 했는지 말해 보세요.

   2) 그림의 낱말을 들으면서 따라 써 보세요. 🔊 23

공 좋아해?
잘못 알아듣다
난 곰이 무서워.
교과서…….
안 가져오다
지우개 좀 빌려줘.
뭐라고?
잘못 가져오다
못 듣다
선생님?
내 공책……
앗! 숙제.
잃어버리다
깜빡 잊다
잘못 보다

110

3 문법 제시, 연습 - 15분

1) 듣기 자료를 듣고 아래 대화를 따라 하게 한다.

듣기 자료 🔊 24
하미: 선생님, 교과서를 잘못 가져왔어요.
선생님: 저런, 하미가 교과서를 잘못 가져왔구나.
　　　　그럼 짝꿍이랑 같이 보세요.

2) 대화의 맥락에서 '-었구나'를 다음과 같이 설명한다.

🔴 하미가 교과서를 잘못 가져온 것을 선생님이 지금 아셨어요. 그리고 조금 놀라셨어요. 그래서 '교과서를 잘못 가져왔구나.'라고 말했어요.

3) 전체 학생과 교사로 역할을 나누어 대화를 읽어 본다.

문법 지식

-는구나
· 말하는 사람이 새로운 사실을 보거나 들은 것을 주목할 때 사용한다. 말하는 사람이 혼자 말하거나 아랫사람이나 친한 친구에게 말할 때 사용하며, 감탄의 뜻을 갖는다.

깜빡 잊다, 잘못 가져오다,
잘못 알아듣다, 안 가져오다,
못 듣다, 잘못 보다,
잃어버리다

-었구나

3) 듣고 따라 하세요. 🔊 24

> 하미: 선생님, 교과서를 잘못 가져왔어요.
> 선생님: 저런, 하미가 교과서를 잘못 가져왔구나.
> 　　　　그럼 짝꿍이랑 같이 보세요.

2. 어울리는 것을 연결해 대화를 만들어 봅시다.

선생님,
필통을 잃어버렸어요.　●

선생님, 숙제하는
것을 깜빡 잊었어요.　●

선생님,
글씨를 잘못 봤어요.　●

선생님,
질문을 못 들었어요.　●

●　그래서 대답을 못 했구나.
질문을 다시 말해 줄게요.

●　저런, 연필이 없겠구나.
그럼 짝꿍이 연필을 좀 빌려 주세요.

●　그래서 문제를 틀렸구나.
그럼 다시 잘 읽어 볼래?

●　그래서 숙제를 안 냈구나.
내일까지 꼭 해 와야 해.

3. 친구와 실수한 것에 대해 이야기해 봅시다.

6. 달리기하다가 넘어지고 말았어요 • 111

111

4) 2번 문제를 보며 어울리는 것을 연결해 대화를 만들어
보게 한다.

5) 연결한 대화를 읽어 보게 한다.

4 적용 – 7분

1) 1번 그림을 보고 교사와 함께 대화를 만들어 보고 전
체 학생과 개별 학생, 그리고 개별 학생과 개별 학생으
로 나누어 대화를 해 보게 한다.

5 정리 – 2분

1) 익힘책 86~87쪽을 풀게 한다.

※ 유의점: 이때 익힘책 1번은 교재 1-2) 어휘 학습 후에 이어
서 풀어도 좋다. 그리고 익힘책 2~4번은 교재 2번 문법 학습
후에 이어서 풀어도 좋다.

2) 교사는 학생들에게 비슷한 실수를 해 본 적이 있는지
물으면서, 배운 낱말과 문법을 이해하고 잘 사용할 수
있는지 확인한다. 이때 학생의 대답에 대해 다른 학생
들이 '-었구나'를 사용해 반응할 수 있다.

신 지금까지 우리가 교실에서 여러분이 할 수 있는 실수에
대해서 이야기했어요. 여러분도 이런 실수를 한 적 있어
요? 어떤 실수를 했는지 이야기해 봅시다. 다른 사람들은
그 이야기를 듣고 '-었구나'를 사용해서 대답해 주세요.

3) 숙제를 알려 주고, 다음 차시 예고를 한다.

・다음과 같이 동사, 형용사와 결합한다.

동사	받침 ○, ×	-는구나	가는구나, 먹는구나, 듣는구나
	ㄹ받침	-는구니 (어간 'ㄹ' 탈락)	파는구나, 만드는구나
형용사	받침 ○, ×	-은데	좋-+-은데 → 좋은데 많-+-은데 → 많은데
이다, 아니다		-구나 (앞의 명사에 받침이 없으면 '명사+-구나')	선생님이구나, 의사구나, 아니구나

※ 이 차시에서는 과거의 일에 대한 감탄을 나타내므로
'-었구나'의 형태를 쓴다.

・주어가 2인칭 또는 3인칭일 때 주로 사용한다. '-는구나'
는 새롭게 알게 된 사실을 나타내기 때문에 1인칭 주어를
쓸 수 없지만, 자신을 객관화하여 말할 때에는 '-는구나'를
쓸 수 있다. 놀라움이나 감탄을 나타내므로 억양에 주의하
여 말한다.

• 주요 학습 내용

> **어휘**
> 액자를 떨어뜨리다, 달력을 찢다, 벽에 낙서를 하다,
> 우유를 쏟다, 쿠션을 망가뜨리다, 어항을 깨뜨리다,
> 전화기를 고장 내다, 장난감을 늘어놓다
>
> **문법 및 표현**
> -을걸
>
> **준비물**
> 듣기 자료

• 학습 목표

• 후회하는 일에 대해 말할 수 있다.

1 도입 - 3분

1) 1번 그림을 보면서 무슨 일이 있는지 짐작해 보게 한다.
   - 🛑 리암의 집에 무슨 일이 있어요? 리암이 집에서 무슨 일을 했어요?

2) 그림의 장면 이후에 어떤 일이 있을 것 같은지 추측해 보게 한다.
   - 🛑 이후에 어떤 일이 일어날까요? 생각해 보세요.

2 어휘 제시, 연습 - 10분

1) 1-1) 지문을 다 같이 소리 내어 읽는다.

2) 그림을 보며 리암이 집 안을 어떻게 어지럽혔는지 대답하게 한다. 이때 그림을 통해 낱말의 뜻을 짐작하게 하고, 교사는 학생들이 이미 알고 있는 낱말을 확인한다.
   - 🛑 리암과 친구들은 집을 어떻게 어지럽혔어요? 그림을 보고 이야기해 보세요.

어휘 지식	
떨어뜨리다	위에 있던 것을 아래로 내려가게 하다. 📝 깜짝 놀라 책을 떨어뜨렸다. 사냥꾼은 날아가는 새를 쏘아 떨어뜨렸다.
낙서를 하다	글이나 그림을 장난으로 아무 데나 함부로 쓰거나 그리다. 📝 빌린 책에 낙서하면 안 된다. 심심해서 종이에 낙서를 했다.
쏟다 [쏟따]	그릇 등에 담겨 있는 액체나 물질이 밖으로 나오게 하다. 📝 물을 바닥에 모두 쏟았다. 술을 따르다 옷에 술을 쏟았다.
망가뜨리다	부수거나 깨거나 또는 고장 나게 해서 완전히 못 쓰게 만들다. 📝 시계를 망가뜨리다. 강아지가 내가 만든 작품을 망가뜨렸다.
고장 내다	기계나 장치가 제대로 작동하지 않게 만들다. 📝 카메라를 고장 냈다. 동생이 시계를 고장 내서 시간을 알 수 없다.

3 후회하는 일

1. 리암에게 무슨 일이 있는지 이야기해 봅시다.

1) 소리 내어 읽어 보세요.

> 리암은 오늘 친구들과 집에서 즐겁게 놀았어요. 스케치북 대신에 달력을 찢어서 거기에 그림을 그렸어요. 벽에도 그림을 그렸어요. 또 어항에서 물고기도 꺼냈어요. 그런데 물고기를 꺼내다가 어항을 떨어뜨려서 어항이 깨졌어요.
> 그때 엄마가 집에 오셨어요. "집 안이 이게 뭐니?" 엄마가 화가 나셨어요. "벽에 낙서를 했어?" 리암은 후회했어요. '스케치북에 그림을 그릴걸.' 엄마가 또 말씀하셨어요. "어항은 왜 깨뜨렸니?" 리암은 다시 후회했어요. '물고기를 꺼내지 말걸.'

2) 리암은 어떻게 집 안을 어지럽혔어요?

벽에 낙서를 하다
액자를 떨어뜨리다
달력을 찢다
쿠션을 망가뜨리다
우유를 쏟다
어항을 깨뜨리다
전화기를 고장 내다
장난감을 늘어놓

112

늘어놓다 [느러노타]	여기저기에 어수선하게 두다. 📝 어지럽게 늘어놓다. 나는 아이가 늘어놓은 장난감을 정리했다.

3) 그림을 가리키며 다시 질문하고, 학생들이 책을 보며 대답하게 한다.
   - 🛑 리암과 친구들이 무엇을 했어요?
   - 🧑 쿠션을 망가뜨렸어요.

3 문법 제시, 연습 - 20분

1) 1-2) 질문에 다시 한번 대답하게 하면서 후회 표현 '-을걸'을 도입한다.
   - 🛑 엄마한테 혼난 리암이 후회하면서 어떻게 말했을까요?
   - 🛑 맞아요. 리암은 스케치북에 그림을 그리지 않고 달력을 찢어서 그림을 그렸어요. 그런데 지금은 스케치북에 그림을 그렸으면 좋았을 거라고 생각해요. 이렇게 어떤 일을 후회할 때 '스케치북에 그림을 그릴걸.'이라고 말해요.

벽에 낙서를 하다, 달력을 찢다,
액자를 떨어뜨리다, 우유를
쏟다, 쿠션을 망가뜨리다,
어항을 깨뜨리다, 전화기를
고장 내다, 장난감을 늘어놓다

－을걸

2. 리암이 후회하고 있는 것을 말해 봅시다.

③ 장난감을 늘어놓고
안 치웠어?
(장난감을 치우다)

④ 전화기를 고장 냈니?
(전화기를 떨어뜨리지 말다)

② 어항은 왜 깨뜨렸어?
(물고기를 꺼내지 말다)

⑤ 액자도 떨어뜨렸니?
(액자를 건드리지 말다)

① 쿠션을 망가뜨렸구나.
(쿠션을 던지지 말다)

⑥ 우유도 쏟았구나!
(우유 잔을 조심하다)

스케치북에
그림을 그릴걸.

벽에 낙서를 했어?
(스케치북에 그림을 그리다)

3. 친구들은 어떤 일을 후회하고 있어요? 그림을 보고 말해 봅시다.

동생한테 양보하지
않았는데, 내가 먼저
양보할걸.

① 친구를 놀려서
친구가 화가 났어.

간식을 너무 많이 먹었어.

④ 버스에서 내리다가
발을 헛디뎠어.

③ 뛰다가 넘어져서 다쳤어.

6. 달리기하다가 넘어지고 말았어요 • 113

113

문법 지식

－을걸

· 혼잣말에 쓰여, 그렇게 했으면 좋았을 것이나 하지 않은 일
에 대하여 가벼운 후회나 아쉬움을 나타내는 종결 어미.

· 동사의 어간에 다음과 같이 결합한다.

	조건	형태	예시
①	받침 ○	－을걸	먹을걸, 읽을걸, 들을걸, 찾을걸
②	받침 ×, ㄹ 받침	－ㄹ걸 (어간 'ㄹ' 탈락)	갈걸, 볼걸, 공부할걸, 팔걸, 만들걸

· 동사나 형용사의 어간에 결합하여 추측을 나타내는 '－을
걸'과 구별하여 사용한다.

2) 2번 문제의 상황(리암이 엄마에게 혼나는 상황)을 보면서
리암이 후회하는 것을 말해 보게 한다.

3) 엄마와 리암으로 역할을 나누어 역할극을 해 보게 한다.

---

④ 적용 － 5분

1) 3번 〈보기〉를 보고 어떤 상황인지 이야기해 보고, 지민
이가 무엇을 후회하는지 말한 후 말풍선과 비교해 보
게 한다.

- 🔵 지금 지민이가 무엇을 후회하고 있어요? 무슨 일이 있는
  것 같아요?

- 🟡 동생한테 양보하지 않은 것을 후회하고 있어요. 아마 게
  임을 할 때 동생이 먼저 하고 싶다고 했는데, 지민이가 양
  보하지 않고 먼저 했나 봐요.

- 🔵 네, 그럴지도 몰라요. 그래서 지민이가 후회하고 있나 봐
  요. 지민이가 뭐라고 말했을까요?

- 🟡 "내가 먼저 양보할걸."이라고 말했을 거에요.

- 🔵 말풍선에는 어떻게 써 있는지 한 번 읽어 봅시다.

2) 3번 ①~④의 상황을 말해 보고, 각 상황에서 리암, 아
이다, 성우, 요우타가 무엇을 후회하는지 말해 보도록
한다.

⑤ 정리 － 2분

1) 익힘책 88~89쪽을 풀게 한다.

  ※ 유의점: 이때 익힘책 1번은 교재 1번 어휘 학습 후에 이어서
   풀어도 좋다. 그리고 익힘책 2번은 교재 2번 문법 학습 후에
   이어서 풀어서 말하기로 연습한 것을 다시 한번 써 봄으로써
   학습한 내용을 강화한다.

2) 후회하는 일이 있는지 배운 문법을 사용해 말해 보게
한다.

3) 숙제를 알려 주고, 다음 차시 예고를 한다.

4차시 친구와 사이좋게 지내기

· **주요 학습 내용**

> 어휘
> 양보하다, 사과하다, 놀리다, 화내다
> 문법 및 표현
> -어야지
> 준비물
> 듣기 자료

· **학습 목표**

· 다짐하는 표현을 사용해 말하고 쓸 수 있다.

① 도입 – 3분

1) 친구와 사이좋게 지내기 위한 방법을 생각해서 이야기해 보도록 한다.

   📢 친구와 사이좋게 지내려면 어떻게 하는 게 좋을까요?

② 제시 – 10분

1) 1번 그림을 보면서 요우타의 생각을 말해 보게 한다.

   📢 요우타는 어떻게 하면 친구와 사이좋게 지낼 수 있다고 생각해요?

2) 듣기 자료를 듣고 요우타가 어떻게 생각하는지 말해 보게 한다.

> **듣기 자료** 🔊 25
> ① 양보하다   ② 친구 말을 잘 들어주다
> ③ 먼저 사과하다   ④ 잘 도와주다
> ⑤ 놀리지 말다   ⑥ 화내지 말다

어휘 지식	
양보하다	다른 사람을 위해 자리나 물건 등을 내주거나 넘겨주다. 예 철수는 할머니에게 자리를 양보했다. 자동차들은 모두 구급차에게 길을 양보했다.
사과하다	자신의 잘못을 인정하며 용서해 달라고 빌다. 예 잘못을 사과하다. 친구는 내게 늦어서 미안하다고 사과했다.
놀리다	실수나 약점을 잡아 웃음거리로 만들다. 예 친구를 놀리다. 지수가 자꾸 나를 키가 작다고 놀려서 나는 그만 울고 말았다.
화내다	몹시 기분이 상해 노여워하는 감정을 드러내다. 예 두 사람은 서로에게 화내며 싸웠다. 종업원이 불친절해서 손님은 크게 화냈다.

3) 다짐하는 표현 '-어야지'를 제시한다.

   📢 요우타는 친구와 사이좋게 지내고 싶어요. 그래서 앞으로 이렇게 해야겠다고 생각해요. '앞으로 친구에게 먼저 양보해야지.', '다음부터는 친구 말을 잘 들어줘야지.', '이제 친구를 놀리지 말아야지.' 어떤 일을 해야겠다, 또는 하지 말아야겠다고 다짐할 때 이렇게 말해요.

---

④ 친구와 사이좋게 지내기

1. 친구와 사이좋게 지내려면 어떻게 해야 하는지 이야기해 봅시다.

1) 잘 듣고 따라 하세요. 🔊 25

2) 요우타가 어떻게 다짐했는지 듣고 말해 보세요. 🔊 26

114 · 의사소통 한국어 4

114

> **문법 지식**
>
> **-어야지**
> · 말하는 사람이 의지를 가지고 어떠한 일을 하려고 할 때에 사용한다.
> · 동사와 다음과 같이 결합한다.
>
> | | 조건 | 형태 | 예시 |
> |---|---|---|---|
> | ① | ㅏ, ㅗ | -아야지 | 찾아야지, 가야지, 와야지 |
> | ② | ㅏ, ㅗ 이외 | -어야지 | 먹어야지, 읽어야지, 보내야지, 써야지 |
> | ③ | -하다 | -여야지
(-해야지) | 공부해야지, 일해야지 |
>
> · 주로 구어에서 사용하며, 부정문은 부사 '안'을 쓰거나 '-지 말다'를 사용할 수 있다.
> 예 이제 컴퓨터 게임을 안 해야지./이제 컴퓨터 게임을 하지 말아야지.

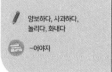
양보하다, 사과하다,
놀리다, 화내다

-어야지

2. 지민이의 고민을 잘 듣고 대답해 봅시다. 🔊 27

1) 지민이가 한 일에 ○표 하세요.

2) 지민이는 어떤 다짐을 했는지 쓰세요.

3. 친구와 사이좋게 지내기 위한 여러분의 다짐을 써 봅시다.

① _____
② _____
③ _____

4. 잘 듣고 대화를 완성해 봅시다. 🔊 28

① 어떡하지? 형의 게임기를

스으지

형 게임기를?

② 형이 좋아하는 게임기인데……

③ 사실대로 말하는 건 어때?

알겠어. 앞으로는 _____.

6. 달리기하다가 넘어지고 말았어요 • 115

115

③ 연습 – 12분

1) 요우타가 어떻게 다짐했는지 듣기 자료를 들으며 말해 보도록 한다.

듣기 자료 🔊 26
요우타: 앞으로는 친구에게 먼저 양보해야지.
다음부터는 친구 말을 잘 들어줘야지.
이제 친구를 놀리지 말아야지.

2) 그림을 보며 요우타가 다짐한 내용을 '-어야지'를 사용해 말해 보도록 한다.

3) 듣기 자료의 대화를 듣고 2-1) 문제에 답하도록 한다.

듣기 자료 🔊 27
지민: 성우야, 아이다가 나한테 화가 난 것 같아.
성우: 왜 둘이 싸웠어?
지민: 아까 실수로 아이다 책을 찢었거든.
성우: 그랬구나. 아이다한테 사과는 했어?
지민: 그게… 너무 당황해서 사과도 못 하고 말았어.
성우: 그런 일이 있을 때는 바로 사과하는 게 좋아.
지민: 그래, 맞아. 다음부터는 바로 사과해야지.

4) 듣기 자료의 대화를 다시 듣고 2-2)에 답을 쓰도록 한다.

④ 적용 – 12분

1) 친구와 사이좋게 지내기 위한 다짐을 3번 빈칸에 쓰고 쓴 내용을 발표하도록 한다.

2) 듣기 자료를 두 번 듣고 4번 대화를 완성하도록 한다.

듣기 자료 🔊 28
리암: 어떡하지? 형의 게임기를 고장 내고 말았어.
아이다: 형 게임기를?
리암: 형이 좋아하는 게임기인데….
아이다: 큰일 났구나. 사실대로 말하는 건 어때?
리암: 알겠어. 앞으로는 조심해야지.

3) 완성한 대화를 두 사람이 역할을 나누어 읽어 보게 한다.

4) 교사와 함께 답을 확인한다.

⑤ 정리 – 2분

1) 익힘책 90~91쪽을 풀게 한다.

※ 유의점: 이때 익힘책 1번은 교재 1-1) 어휘 학습 후에 이어서 풀어도 좋다. 그리고 익힘책 2, 3번은 교재 1-2) 문법 학습 후에 이어서 풀어도 좋다. 익힘책 4번은 교재 2번 듣기의 지문을 읽기 텍스트로 가져온 것이므로 교재 2번 활동 이후에 이어서 할 수도 있다.

2) '-어야지'를 사용해 앞으로의 다짐을 말해 보게 하여 목표 문법을 이해하고 사용할 수 있는지 확인한다.

3) 숙제를 알려 주고, 다음 차시 예고를 한다.

5 청개구리 이야기 읽기

1. 다음을 읽고 질문에 답해 봅시다.

옛날에 '아리'라는 청개구리 한 마리가 살았어요.
아리는 엄마 말을 잘 듣지 않고 늘 반대로 했어요.
엄마가 반찬을 골고루 먹으라고 하면 한 가지
반찬만 먹었어요. 엄마가 아리가 감기에
걸릴까 봐 긴 바지를 입으라고 하면
반바지를 입었어요. 엄마가 집에 일찍
들어오라고 하면 해가 지고 나서야 들어왔어요.
엄마는 말 안 듣는 아리 때문에 속이 상했어요.

그러던 어느 날 엄마가 깊은 병에 걸리고 말았어요.
엄마는 돌아가시기 전에 아리에게 말씀하셨어요.
"엄마를 강가에 묻어 주렴."
엄마는 아리가 늘 반대로 하니까 이렇게 말하면 아리가
엄마를 산에 묻을 거라고 생각했어요.
'이번에는 엄마 말대로 해야지.' 아리는 생각했어요.
그리고 엄마 말대로 강가에 엄마를 묻었어요.

그 뒤로 아리는 밥을 먹으면서도 '개굴개굴, 엄마 말대로 반찬을 골고루
먹을걸.' 옷을 입으면서도 '개굴개굴, 엄마 말대로 추운 날 긴바지를 입을걸.'
집에 돌아가면서도 '개굴개굴, 엄마 말대로 일찍 집에 들어갈걸.'
'엄마 말대로 할걸.' 아리는 이렇게 매일 후회했어요.

특히 비가 오는 날이면 아리는
엄마의 무덤이 떠내려갈까 봐
걱정이 돼서 엄마 무덤 앞에서
"개굴개굴" 울었어요. 요즘도 비가
오는 날이면 엄마 무덤을 걱정하는
아리의 울음소리를 들을 수 있어요.

1) 엄마는 왜 늘 속이 상했어요?

2) 엄마는 왜 아리에게 강가에 묻어 달라고 했어요?

3) 비가 오는 날에 아리는 왜 '개굴개굴' 울었어요?

엄	마	의		무	덤	이						

2. 아리가 무엇을 후회하는지 말해 봅시다.

3. 여러분이 아리와 같이 후회한 경험을 말해 봅시다.

5차시 청개구리 이야기 읽기

· **학습 목표**
· 동화 〈청개구리 이야기〉를 읽고 이야기할 수 있다.

1 도입, 읽기 전 – 3분

1) 청개구리 그림을 보여 주며 질문한다.
   - 🔴 여러분, 청개구리가 어떻게 울어요? 개구리는 '개굴개굴'
     하고 울지요. 특히 어떤 날 큰 소리로 울어요? 비가 오는
     날 울어요. 왜 그럴까요?

2) 청개구리 이야기로 도입한다.
   - 🔴 오늘은 청개구리가 왜 비가 오는 날이면 우는지 그 이유
     를 알아봅시다.

2 읽기 중 – 25분

1) 학생들에게 본문을 소리 내어 읽게 한다.

2) 1-1)의 질문에 대답하게 한다.

3) 1-2)의 질문에 대답하게 한다.

4) 1-3)의 질문에 대한 답을 쓰고, 교사가 칠판에 쓴 정답
   을 보며 확인한다.

5) 2번 질문에 대답하게 하고, 아리의 말로 바꾸어 목표
   문법을 사용해 말하도록 한다.
   - 🔴 아리가 무엇을 후회하는지 아리가 되어 말해 봅시다.

3 읽기 후 – 7분

1) 3번 질문에 대답하게 한다.
   - 🔴 여러분도 부모님과의 관계에서 후회하는 일이 있지요?
     어떤 일인지 말해 봅시다.

2) 1)에서 이야기한 후회하는 일을 목표 문법 '-을걸'을 사
   용해 말하게 한다.

4 정리 – 5분

1) 후회하는 일과 그에 대한 다짐을 학생들이 돌아가며
   말해 보게 한다.

2) 숙제를 알려 주고, 다음 차시 예고를 한다.

6 재미있는 실수 말하기

1. 다음을 듣고 말해 봅시다. 🔊 29

1) 프랭크가 무엇을 하고 있어요? 그림을 보며 순서대로 말해 보세요.

2) 빈칸을 채워 보세요.

① 어느 날 프랭크는 정원에서 음료수가 담긴 컵을 막대로 젓고 있었어요.
그런데 갑자기 집에서 어머니가 프랭크를 부르셨어요.

다음 날 아침 프랭크는 얼어 버린 컵을 보고 생각했어요.
② '어제 컵을 집 안으로 _____. 그랬으면 얼지 않았을 텐데.'
프랭크는 컵을 안 가지고 들어간 것을 후회했어요.

③ 집으로 들어간 프랭크는 정원에 두고 온 컵을 깜빡 _____.
컵은 밤새 추운 정원 테이블 위에 놓여 있었어요.

컵에서 막대를 뽑으려는 순간, 컵만 떨어져 나왔어요.
막대를 잡고 한 입 먹어 보니 정말 맛있었어요.
④ 그래서 프랭크는 다짐했어요.
"정말 _____
여름에 이렇게 아이스바를 만들어 _____."

2. 그림을 보면서 친구에게 이야기를 다시 말해 봅시다.

3. 여러분도 실수한 것이 오히려 재미있었던 적이나 새로운 발견으로 이어진 적이 있어요? 이야기해 봅시다.

1) 재미있는 실수를 하거나 본 적이 있어요?

2) 그 실수의 어떤 점이 좋았어요?

118 • 의사소통 한국어 4

6. 달리기하다가 넘어지고 말았어요 • 119

6차시 재미있는 실수 말하기

- **학습 목표**
- 재미있는 실수 이야기를 읽고 경험을 말할 수 있다.

1 도입, 듣기 전 - 7분

1) 아이스바 그림을 보며, 처음 아이스바를 어떻게 만들게 됐는지 짐작해 보게 한다.

2) 1-1)의 그림을 보며 그림의 순서대로 이야기를 만들어 보도록 한다.

2 듣기 중 - 15분

1) 듣기 자료를 듣는다.

> **듣기 자료** 🔊 29
> 어느 날 프랭크는 정원에서 음료수가 담긴 컵을 막대로 젓고 있었어요. 그런데 갑자기 집에서 어머니가 프랭크를 부르셨어요.
> 집으로 들어간 프랭크는 정원에 두고 온 컵을 깜빡 잊고 말았어요.
> 컵은 밤새 추운 정원 테이블 위에 놓여 있었어요.
> 다음 날 아침 프랭크는 얼어 버린 컵을 보고 생각했어요.
> 프랭크: '어제 컵을 집 안으로 가지고 들어갈걸. 그랬으면 얼지 않았을 텐데.'
> 프랭크는 컵을 안 가지고 들어간 것을 후회했어요. 그리고 컵에서 막대를 뽑으려는 순간, 컵만 떨어져 나왔어요. 막대를 잡고 한 입 먹어 보니 정말 맛있었어요. 그래서 프랭크는 다짐했어요.
> 프랭크: '정말 맛있구나. 여름에 이렇게 아이스바를 만들어 먹어야지.'

2) 듣기 자료를 다시 들려주고 빈칸을 채워 보게 한다.

3) 다 같이 소리 내어 읽으며 정답을 확인하도록 한다.

3 듣기 후 - 15분

1) 그림을 보며 순서대로 다시 이야기를 말해 보게 한다.

> ※ 유의점: 이때 듣기의 지문을 그대로 이야기하지 않고, 목표 문법을 문맥 속에서 적절히 사용하고, 이야기의 흐름을 따라 유창하게 말하도록 한다.

2) 두 사람씩 짝을 지어 이야기를 친구에게 들려주도록 한다.

3) 3번 문제에 답하면서 실수 때문에 재미있었던 경험, 새로운 것을 발견한 경험을 이야기해 보게 한다.

🔵 여러분, 재미있는 실수를 한 적이 있거나 본 적이 있어요?
🔵 그 실수의 어떤 점이 좋았어요?

4 정리 - 3분

1) 실수에 대해서 어떻게 생각하게 되었는지 이야기해 보게 한다.

2) 숙제를 알려 주고, 다음 차시 예고를 한다.

6단원 달리기하다가 넘어지고 말았어요 • 95

❼ 다짐의 글 쓰기

1. 요우타가 쓴 다짐의 글을 읽고 이야기해 봅시다.

다짐의 글

저는 오늘 수업 시간에 친구하고 같이 이야기를 했어요. 갑자기 어제 본 웃긴 만화가 생각났어요. 그래서 그만 친구한테 말하고 말았어요. 수업 시간이라는 것을 깜빡 잊었어요. 선생님께서 "조용히 하세요."라고 하셨어요. 쉬는 시간에 이야기할 걸 그랬어요. '앞으로는 수업 시간에 조용히 해야지.'라고 생각했어요.

2학년 2반 요우타

1) 요우타는 수업 시간에 무슨 일을 했어요?
   ① 친구하고 싸웠어요   ② 과자를 먹었어요   ③ 친구하고 이야기를 했어요

2) 선생님은 요우타에게 뭐라고 하셨어요?

3) 요우타는 앞으로 어떻게 할 거예요?

2. 다짐의 글을 써 봅시다.

1) 성우가 어떤 일을 했는지 말해 보세요.

2) 성우가 한 일을 연결해 보세요.

- 선생님께서 성우에게 "친구에게 장난치지 마세요."라고 하셨어요.
- 수업 시간에 아이다가 성우에게 지우개를 빌려 달라고 했어요.
- 성우는 아이다에게 지우개를 던졌어요. 그렇게 하면 재미있을 것 같았어요.
- 성우는 '앞으로는 지우개를 던지지 말아야지.'라고 생각했어요.

3) 성우가 되어 다짐의 글을 써 보세요.

7차시 다짐의 글 쓰기

- **학습 목표**
- 다짐의 글을 읽고 쓸 수 있다.

① 도입, 읽기 전 – 5분

1) 1번 그림을 보면서 교실에 무슨 일이 있는지 이야기해 보도록 한다.

   ❸ 그림을 봅시다. 수업 시간에 무슨 일이 있는 것 같아요? 한 번 추측해 봅시다.

   ❸ 선생님이 앞에 앉은 두 학생에게 이야기하고 계시죠. 무슨 이야기를 하실까요? 두 학생이 지금 무엇을 하고 있나요?

   ❸ 맞아요. 수업 시간인데 선생님 말씀을 듣지 않고 서로 이야기하고 있죠. 선생님이 두 사람에게 뭐라고 하셨을까요?

2) 교실에서 떠든 경험이 있는지, 그 후 무슨 일이 있었는지 이야기해 보도록 한다.

3) 요우타가 교실에서 떠든 일로 쓴 다짐의 글을 읽게 될 것을 예고한다.

② 읽기 – 10분

1) 다 같이 요우타가 쓴 다짐의 글을 소리 내어 읽어 보게 한다.

2) 1-1)~3)번 문제에 답하게 한다.

3) 교사와 함께 정답을 확인한다.

4) 글을 다시 읽어 보면서 정답을 확인한다.

③ 쓰기 전 – 5분

1) 2-1)의 그림을 보면서 성우가 한 일을 말하도록 한다.

2) 2-2)의 그림을 연결해 보면서 쓰기 상황 및 언어 재료를 확인한다.

④ 쓰기 중 – 15분

1) 성우의 다짐 글에 어떤 내용이 들어가야 할지 말로 표현해 보게 한다.

   ❸ 성우도 아마 다짐의 글을 써야 할 거예요. 성우는 다짐의 글에 어떤 내용을 쓸까요? 말해 봅시다.

2) 성우의 다짐 글을 써 보게 한다.

⑤ 쓰기 후, 정리 – 5분

1) 완성한 다짐의 글을 발표하게 한다.

2) 숙제를 알려 주고, 다음 차시 예고를 한다.

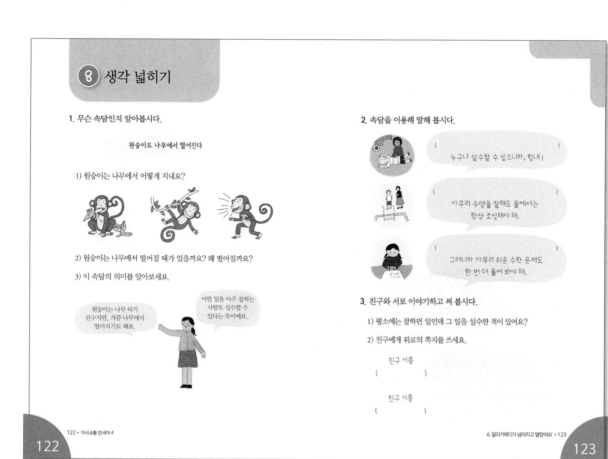

8차시 생각 넓히기

- **학습 목표**
- 속담 '원숭이도 나무에서 떨어진다'의 의미를 알고 사용할 수 있다.

1 도입 – 7분

1) 무슨 속담인지 추측해 보게 한다.
   🔲 '원숭이도 나무에서 떨어진다'는 속담을 들어 본 적 있어요? 무슨 뜻일까요?
   🔲 오늘은 '원숭이도 나무에서 떨어진다'는 속담에 대해서 알아볼 거예요.

2) 1-1) 질문에 대답하게 한다. 이때 원숭이의 생활에 관련한 낱말들을 충분히 이끌어 내도록 한다.

3) 1-2) 질문에 대답하게 한다.

2 제시 및 설명 – 10분

1) 교재의 말풍선과 같이 속담의 의미를 설명한다.

   ※ 유의점: 이때 교재의 설명에 더해 '어떤 일을 아주 잘하는 사람도 실수할 수 있으므로, 실수한 일에 대해 너무 아쉬워하거나 속상해하지 않아도 된다.' 또는 '평소에 아주 잘하던 일도 실수할 수 있으니 조심해야 한다.'는 의미를 내포하고 있음을 설명할 수 있다.

2) 교사는 속담이 쓰이는 상황을 예를 들어준다.

   🔲 예를 들어, 요리를 잘하는 엄마가 음식을 태웠을 때, 평소에는 내가 잘하던 게임이었는데, 어떤 일로 오늘은 졌을 때 '원숭이도 나무에서 떨어진다'는 말을 쓸 수 있겠지요.

3) 속담이 쓰이는 상황을 예로 들어 보도록 한다.

3 연습 – 8분

1) 2번 그림을 보면서 친구들에게 무슨 일이 있는지 이야기해 보도록 한다.

2) 말풍선 안을 채워 그림 속 친구들에게 줄 조언을 속담을 사용해 완성하도록 한다.

3) 말풍선을 소리 내어 읽어 보도록 한다.

4 적용 – 13분

1) 두 명씩 짝을 지어 서로의 경험을 이야기하고 위로의 쪽지를 쓰도록 한다.

2) 위의 과정으로 세 친구에게 위로의 쪽지를 쓰도록 한다.

3) 친구에게 쓴 위로의 쪽지를 발표해 보게 한다.

5 정리 – 5분

1) 실수와 관련한 다른 속담이나 유명한 말을 이야기해 보게 한다.

2) 숙제를 알려 주고, 다음 차시 예고를 한다.

7단원 • 백성을 위해 한글을 만드셨어요

단원의 개관

이 단원의 목표는 존경할 만한 인물과 그 인물에 관계된 사건을 묘사할 수 있는 어휘 및 표현을 익혀 존경할 만한 인물에 대해 경험하거나 읽은 내용을 다양하게 표현해 보는 것이다. 이를 위해 대표적인 위인들을 화제로 하여 말하고, 듣고, 읽고, 쓰는 종합적인 의사소통 활동을 수행한다.

학습 목표	• 인물에 대해 말할 수 있다. • 무엇을 강조하여 말할 수 있다.						
주제	장면		기능	문법	어휘	문화	담화 유형
	일상생활	학교생활					
인물	광화문 광장의 인물	위인과 위인전	묘사하기 강조하기	을 위해 -게 하다 -을 뿐 아니라 -든지	인물 일대기 관련 어휘	위인들의 명언	대화 전기문 발표문 독서 감상문
	존경할 만한 이웃	존경하는 인물 발표					

● 차시 전개 과정

차시	차시 제목	성격	학습 내용	교재 쪽수	익힘책 쪽수
1	광화문 광장의 위인들	필수	• 고마운 사람에 대해 말할 수 있다.	126	94
2	위인전 속 위인들	필수	• 위인들의 업적에 대해 말할 수 있다.	128	96
3	존경하는 인물	필수	• 존경하는 인물에 대해 조사해서 발표할 수 있다.	130	98
4	존경하는 이웃	필수	• 존경하는 이웃에 대한 글을 읽고 주위의 훌륭한 이웃에 대해 이야기할 수 있다.	132	100
5	위인전 읽기	선택	• 위인전을 읽고 감상을 말할 수 있다.	134	-
6	존경하는 인물에게 편지 쓰기	선택	• 세종대왕의 위인전을 읽고 세종대왕에게 편지를 쓸 수 있다.	136	-
7	책 속 인물 소개하기	선택	• 위인을 조사해서 소개할 수 있다.	138	-
8	생각 넓히기	선택	• 위인들의 명언을 알아보고 나만의 명언을 만들 수 있다.	140	-

● 단원 지도상의 유의점

◆ 초등학생 학습자를 고려하여 어휘, 문법을 분리하여 명시적으로 교수하지 않고, 주어진 상면과 상황, 내화 속에서 어휘 및 표현을 이해하고 연습할 수 있도록 한다.

◆ 필수 차시의 마지막 활용 문항은 매 차시 배운 어휘나 문법을 활용해 2~3문장 이상의 복문이나 대화로 말할 수 있도록 지도한다.

◆ 필수 차시에서 문법이나 낱말을 따라 쓰거나, 활용형을 연습하거나 하는 등의 기계적인 연습이 필요하면 익힘책의 관련 페이지를 수업 시간에 활용한다.

◆ 단원의 주제인 '위인'을 소재로 한 말하기, 듣기, 읽기, 쓰기의 활동이 학생들에게 동기 부여가 되도록 학생들의 모문화와 연결시켜도 좋다.

1차시 광화문 광장의 위인들

· 주요 학습 내용

> **어휘**
> 한글을 만들다, 물시계를 발명하다, 전쟁에서 싸우다,
> 전쟁을 준비하다, 거북선을 만들다
>
> **문법 및 표현**
> 을 위해
>
> **준비물**
> 듣기 자료

· 학습 목표

· 고마운 사람에 대해 말할 수 있다.

1 도입 – 3분

1) 단원 도입 그림을 보면서 단원 주제인 '인물'에 대해 이야기를 나눈다.

> 🔵 요우타가 누구에 대한 텔레비전 프로를 보고 있어요?
> 🔵 요우타는 지금 넬슨 만델라 대통령에 대한 프로를 보고 있어요.
> 🔵 요우타는 이 프로를 보면서 어떤 생각을 했어요? 넬슨 만델라 대통령은 참 훌륭하다고 생각했지요.

2) 도입 질문과 연계해 차시 학습 목표를 소개한다.

> 🔵 아마 요우타는 만델라 대통령을 존경하나 봐요. 여러분도 존경하는 사람이 있어요? 오늘은 훌륭한 사람들에 대해서 이야기해 볼 거예요.

2 어휘 제시, 연습 – 12분

1) 1번 그림을 보며 세종대왕과 이순신 장군에 대해 추측하거나 아는 것이 있으면 말해 보게 한다.

> 🔵 그림의 이 사람들은 어떤 사람들일까요? 무슨 일을 했을까요?

2) 교사는 학생들의 대답 중에서 배울 낱말과 관련된 것들을 칠판에 적으며, 학생들이 알고 있는 낱말을 확인한다.

3) 교사는 세종대왕과 이순신 장군에 대해 간단히 설명하면서 목표 어휘를 노출시킨다.

> 🔵 세종대왕은 옛날 '조선'의 임금님이었어요. 조선 시대에는 글자가 없어서 어려운 한자를 썼는데, 많은 백성들이 한자를 배우지 못해서 글을 읽고 쓸 수가 없었어요. 읽고 쓰지 못하면 생활이 아주 불편해져요. 세종대왕은 백성들을 도와주고 싶었어요. 그래서 백성을 위해 글자를 만들었어요. 그 글자가 지금 우리가 사용하는 한글이에요. 세종대왕이 만든 한글은 배우기가 쉬워서 많은 사람들이 쉽게 글을 읽고 쓸 수 있게 됐어요.

1 광화문 광장의 위인들

1. 세종대왕과 이순신 장군이 무슨 일을 했는지 이야기해 봅시다.

> 백성을 위해 할 일이 많구나.

한글을 만들다	전쟁에서 싸우다
물시계를 발명하다	전쟁을 준비하다
	거북선을 만들다

1) 듣고 가리키며 따라 하세요. 🎧 30

2) 〈보기〉와 같이 말해 보세요.

> 〈보기〉
> 가: 세종대왕은 어떤 훌륭한 일을 하셨어요?
> 나: 세종대왕은 한글을 만드셨어요.

어휘 지식

| 물시계 [물씨게] | 물이 일정한 속도로 떨어지는 것을 이용하여 시간을 재는 시계.
 예 물시계를 발명하다.
 물시계는 밤이나 흐린 날 해시계 대신 사용되었다. |
| 발명하다 | 지금까지 없던 새로운 기술이나 물건을 처음으로 생각하여 만들어 내다.
 예 비행기를 발명하다.
 인간이 기계를 발명한 뒤로 생활은 더욱 편리해졌다. |

4) 듣기 자료를 들으며 목표 어휘를 가리키고 따라 하게 한다.

> **듣기 자료** 🎧 30
> ① 한글을 만들다　　② 물시계를 발명하다
> ③ 전쟁에서 싸우다　　④ 전쟁을 준비하다
> ⑤ 거북선을 만들다

5) 세종대왕과 이순신 장군이 무슨 일을 했는지 교사와 전체 학생, 교사와 개별 학생으로 1-2)의 〈보기〉와 같이 묻고 답한다.

한글을 만들다, 물시계를
발명하다, 전쟁에서 싸우다,
전쟁을 준비하다,
거북선을 만들다

을 위해

2. 세종대왕과 이순신 장군이 1에서와 같은 일을 한 이유를 이야기해 봅시다.

1) 잘 듣고 따라 하세요. 🔊 31

세종대왕은 백성을 위해
한글을 만드셨어요.

이순신 장군은 나라를 위해
전쟁에서 싸우셨어요.

2) 세종대왕과 이순신 장군의 업적을 위와 같이 더 말해 보세요.

3. 고마운 사람들에 대해 이야기해 봅시다.

1) 다음 사람들은 여러분을 위해 무엇을 해 주었는지 이야기해 보세요.

선생님은 우리를 위해 한국어를 쉽고 재미있게 가르쳐 주셨어요.

엄마

아빠

경찰

2) 고마운 사람들에게 감사 카드를 써 보세요.

선생님께
선생님 언제나 _____ 한국어를 _____ 어/아서 감사합니다.
앞으로 더 _____ ㄹ/을게요. 그래서 선생님의 가르침에 보답하겠습니다.

7. 백성을 위해 한글을 만드셨어요 • 127

127

문법 지식

을 위해

· 어떤 대상을 이롭게 하거나 어떤 목표나 목적을 이루려고
함을 나타낸다.

· 앞에 오는 명사가 자음으로 끝나면 '을 위해', 모음으로 끝
나면 '를 위해'를 쓴다. '을/를 위해서'로도 쓴다.
예 어머니는 일찍 학교에 가는 나를 위해 아침을 차려 주셨다.
나는 팔을 다친 친구를 위해 가방을 들어 주었다.

· 동사 어간에 붙어 '-기 위해'의 형태로 쓰일 때는 앞의 행위
가 뒤의 상황이나 행동이 발생하게 된 목적이나 의도임을
나타낸다.

3) 목표 문법 '을 위해'를 사용해 세종대왕과 이순신 장군
의 업적을 더 말해 보게 한다.

선 세종대왕은 백성을 위해 또 무슨 일을 하셨어요?

4 적용 – 22분

1) 3-1)의 첫 번째 문장을 예로 읽어 본다.

2) 엄마, 아빠, 경찰이 우리를 위해 어떤 일을 해 주는지
말해 보고, 한 문장으로 써 보게 한다.

선 자, 그럼 이번에는 엄마, 아빠가 우리를 위해서 어떤 일을
해 주시는지 한 번 말해 봅시다.

3) 엄마, 아빠, 경찰 중 한 사람을 골라 3-2)의 빈칸에 알맞
은 말을 넣어 감사 카드를 써 보게 한다. 이때 편지지 또
는 빈 종이를 미리 준비해 와서 감사 카드를 쓸 수 있다.

5 정리 – 3분

1) 익힘책 94~95쪽을 풀게 한다.

※ 유의점: 이때 익힘책 1번은 교재 1번 어휘 학습 후에 이어서
풀어도 좋다. 그리고 익힘책 2번은 교재 2번 문법 학습 후에
이어서 풀어도 좋다. 익힘책 3번은 교재 3-1)을 하기에 앞서
풀어 보며, 익힘책 4번은 교재 3-2)에서 선생님에 대한 감
사 편지 쓰기의 다음 활동으로 연계해 엄마와 경찰 아저씨에
게 감사 편지를 쓰게 한다.

2) 배운 어휘와 표현을 사용해 대답할 수 있도록 질문한다.

선 고마운 사람을 생각해 보세요. 그 사람이 왜 고마운지 말
해 봅시다.

3) 숙제를 알려 주고, 다음 차시 예고를 한다.

---

3 문법 제시, 연습 – 10분

1) 2-1)과 같이 목표 문법을 포함한 문장을 듣기 자료를
따라 말해 보게 한다.

듣기 자료 🔊 31
선생님: 세종대왕은 백성을 위해 한글을 만드셨어요.
이순신 장군은 나라를 위해 전쟁에서 싸우셨어요.

2) 대화의 맥락 속에서 목표 문법인 '을 위해'의 의미를
다음과 같이 설명한다.

선 세종대왕은 백성을 돕고 싶었어요. 그래서 백성을 위해
한글을 만드셨어요. 다른 사람을 도와주고 싶어서 어떤
일을 할 때, '다른 사람을 위해 무엇을 해요.'라고 말해요.

2차시 위인전 속 위인들

· **주요 학습 내용**

> **어휘**
> 전구를 발명하다, 가난한 사람을 돕다, 훌륭한 음악을
> 작곡하다, 우주를 연구하다, 정성껏 환자를 간호하다
>
> **문법 및 표현**
> -게 하다
>
> **준비물**
> 듣기 자료, 〈부록〉 글자 카드

· **학습 목표**
· 위인들의 업적에 대해 말할 수 있다.

1 도입 – 3분

1) 1번 그림을 보면서 친구들이 무엇을 하고 있는지 물으며 차시 도입을 한다.

> 신 친구들이 무엇을 하고 있어요?
> 신 도서관에서 무슨 책을 읽고 있어요?
> 신 훌륭한 사람들에 대한 책을 읽고 있지요? 친구들이 위인전을 읽고 있어요.

2) 차시 주제인 위인전 속의 위인들에 대해 이야기를 나눈다.

> 신 여러분은 어떤 위인을 알아요? 그 사람이 무엇을 했어요?

2 어휘 제시, 연습 – 10분

1) 듣기 자료를 들으면서 낱말을 가리키고 따라 하게 한다.

> **듣기 자료 🔊 32**
> ① 전구를 발명하다
> ② 우주를 연구하다
> ③ 가난한 사람을 돕다
> ④ 훌륭한 음악을 작곡하다
> ⑤ 정성껏 환자를 간호하다

2) 1-2)의 〈보기〉와 같이 배운 어휘를 사용해 질문에 대답하게 한다.

> 신 에디슨은 어떤 일을 했어요?
> 학 에디슨은 전구를 발명했어요.

3) 실물을 보여 주거나 뜻을 설명함으로써 어휘의 의미를 제시한다.

4) 교사와 전체 학생 또는 교사와 개별 학생으로 1-2)의 〈보기〉와 같이 다시 묻고 대답한다.

---

2 위인전 속 위인들

1. 위인전 속 위인들에 대해 이야기해 봅시다.

1) 잘 듣고 따라 하세요. 🔊 32

2) 위인들이 어떤 업적을 남겼어요? 〈보기〉와 같이 말해 보세요.

> 〈보기〉
> 가: 에디슨은 어떤 일을 했어요?
> 나: 에디슨은 전구를 발명했어요.

128 · 의사소통 한국어 4

128

어휘 지식

발명하다	지금까지 없던 새로운 기술이나 물건을 처음으로 생각하여 만들어 내다. 예 전화를 발명하다. 라이트 형제는 여러 번의 실패 끝에 비행기를 발명했다.
작곡하다 [작꼬카다]	음악을 만들다. 예 가요를 작곡하다. 이 노래는 유명한 작곡가가 작곡한 동요이다.
우주	태양, 지구, 달 등 천체를 포함하는 공간. 예 거대한 우주를 생각하면 인간은 아주 작은 점과 같다. 과학의 발달로 우주를 여행하는 일이 가능해졌다.
연구하다	어떤 사물이나 일에 관련된 사실을 밝히기 위해 그에 대해 자세히 조사하고 분석하다. 예 치료법을 연구하다. 김 교수는 평생 동안 한국 역사를 연구했다.
정성껏	참되고 성실한 마음으로 온갖 힘을 다하여. 예 정성껏 돌보다. 아들은 몸이 아픈 어머니를 정성껏 간호했다.
환자	몸에 병이 들거나 다쳐서 아픈 사람. 예 병실에는 환자들이 누워 있었다. 의사는 환자를 진찰하느라 자기를 부르는 소리도 듣지 못했다.

102 · 의사소통 한국어 교사용 지도서 4

2. 다음 위인들과 관계있는 것을 연결하고 <보기>처럼 말해 봅시다.

전구를 발명하다, 가난한 사람을 돕다, 훌륭한 음악을 작곡하다, 우주를 연구하다, 정성껏 환자를 간호하다
-게 하다

나이팅게일 •　　　• 우리가 아름다운 음악을 감상하다
스티븐 호킹 •　　　• 우리가 우주의 신비를 알다
마더 테레사 •　　　• 많은 사람들이 굶지 않다
베토벤 •　　　• 우리가 밤에도 생활할 수 있다
에디슨 •　　　• 많은 사람들의 병이 낫다

<보기> 에디슨은 전구를 발명했어요. 그래서 우리가 밤에도 생활할 수 있게 했어요.

3. 위인 카드 게임을 해 봅시다. [부록]

<놀이 방법>
① 빨간색 카드(위인 이름과 한 일이 쓰여 있음)와 파란색 카드(위인이 한 일의 결과가 쓰여 있음)를 글자가 아래로 가게 뒤집어서 펼쳐 놓아요.
② 빨간색 카드와 파란색 카드를 한 장씩 뒤집어요.
③ 짝이 맞으면 2의 <보기>와 같이 문장을 만들고 카드를 가져가요.
④ 문장을 만들지 못하거나 짝이 맞지 않으면 다시 카드를 뒤집어 놓아요.
⑤ 카드를 많이 가져간 사람이 우승자예요.

7. 백성을 위해 한글을 만드셨어요 • 129

129

간호하다	아픈 사람을 보살피다 예 환자를 간호하다. 어머니는 감기에 걸린 딸을 간호하느라 잠을 못 주무셨다.

3 연습 - 5분

1) 위인들이 한 업적으로 어떤 일이 가능하게 되었는지 에디슨을 예로 들어 설명한다.

선 에디슨은 전구를 발명했어요. 그래서 어떤 일이 일어났어요? 무엇이 달라졌어요? 에디슨이 전구를 발명한 덕분에 밤에도 사람들이 생활할 수 있게 되었어요. 이렇게 누가 어떤 일을 해서 그것 때문에 다른 일이 될 때 '하게 하다, 가게 하다, 찾게 하다'라고 말해요.

2) 2번에 제시된 위인들의 업적을 말하고, 그것으로 가능해진 일을 위인의 이름과 연결해 보게 한다.

선 베토벤은 무슨 일을 했어요?
학 훌륭한 음악을 작곡했어요.
선 베토벤이 훌륭한 음악을 작곡해서 어떻게 됐어요?

학 우리가 아름다운 음악을 감상할 수 있게 됐어요.
선 좋아요. 다른 위인들이 한 일을 말해 보고, 그것으로 가능해진 일을 <보기>에서 찾아서 연결해 봅시다.

3) 위인들의 업적과 그것이 가능해진 일을 <보기>와 같이 말해 보게 한다.

문법 지식

-게 하다

· 다른 사람에게 어떤 행위를 시키거나 허락할 때, 또는 어떤 일이 가능하게 되도록 만들 때 사용한다.

· 동사와 결합하여 어간의 받침 유무에 관계없이 '-게 하다'를 사용한다.

	조건	형태	예시
①	받침 ○, ×	-게 하다	먹게 하다, 찾게 하다, 가게 하다, 쉬게 하다

예 선생님은 학생들에게 책을 읽게 했다.
엄마는 아이에게 텔레비전을 끄게 했다.

· '(명사)가 (명사)이/을/에게/한테 (동사) + -게 하다'의 구성으로 사용하며, 대상이 사람이 아닌 경우에는 대상이 운영되거나 움직이게 한다는 의미로 사용된다.

4 적용 - 10분

1) 3번의 <놀이 방법>을 참고하여 <부록>의 글자 카드를 이용해 위인 카드 놀이를 하도록 한다.

5 정리 - 2분

1) 익힘책 96~97쪽을 풀게 한다.

※ 유의점: 이때 익힘책 1, 2번은 교재 1번 어휘 학습 후에 이어서 풀어도 좋다. 그리고 익힘책 3, 4번은 교재 2번 문법 학습 후에 이어서 풀어도 좋다.

2) 숙제를 알려 주고, 다음 차시 예고를 한다.

· 주요 학습 내용

> **어휘**
> 축음기를 발명하다, 고아를 돌보다, 간호 학교를 세우다,
> 오페라를 만들다
> **문법 및 표현**
> -을 뿐 아니라
> **준비물**
> 듣기 자료

· 학습 목표
· 존경하는 인물에 대해 조사해서 발표할 수 있다.

1 도입 - 3분

1) 1번 그림을 보면서 존경하는 인물에 대해 생각해서 말해
보게 한다.

> 🟦 리암은 존경하는 인물에 대해서 발표하고 있어요. 리암은
> 누구를 존경할까요? 여러분도 존경하는 사람이 있어요?
> 누구예요? 왜 존경해요?

2 제시 - 7분

1) 듣기 자료를 듣고 따라 하게 한다.

> **듣기 자료** 🔊 33
> ① 축음기를 발명하다　　② 전화기를 발명하다
> ③ 가난한 사람을 돕다　　④ 고아를 돌보다
> ⑤ 환자를 정성껏 간호하다　⑥ 간호 학교를 세우다
> ⑦ 훌륭한 음악을 작곡하다　⑧ 오페라를 만들다

2) 1-2)의 〈보기〉와 같이 새 어휘를 사용해 존경하는 인
물에 대해 묻고 대답하게 한다.

> 🟦 리암은 왜 에디슨을 존경해요?

3) 모르는 낱말이 있으면 설명한다.

어휘 지식	
축음기	레코드판에 녹음된 소리를 재생하는 장치. 예 축음기가 고장 나다. 　우리는 정원에 축음기를 갖다 놓고 음악에 맞추어 춤을 　추었다.
고아	부모가 죽거나 하여 부모가 없는 아이. 예 고아를 돌보다. 　부모님이 어렸을 때 돌아가셔서 나는 고아가 되었다.
비밀을 밝히다 [비밀을 발키다]	숨기고 있어 남이 모르는 일을 다른 사람이나 세상에 알 리다. 예 고고학자들은 이집트 피라미드 건축의 비밀을 밝히려 　고 노력했다. 　나는 가장 친한 친구에게 오랫동안 간직해 온 비밀을 　밝혔다.

3 존경하는 인물

1. 잘 듣고 리암이 존경하는 인물에 대해 이야기해 봅시다. 🔊 33

1) 듣고 가리키며 따라 해 보세요.

2) 존경하는 인물에 대해 묻고 대답해 보세요.

> 〈보기〉
> 가: 리암은 왜 에디슨을 존경해요?
> 나: 에디슨은 축음기를 발명했어요.
> 　　그리고 전화기도 발명했어요.
> 　　그래서 에디슨을 존경해요.

2. 다음을 보고 〈보기〉와 같이 말해 봅시다.

● 축음기를 발명하다
● 전화기를 발명하다

> 에디슨은 축음기를 발명했을 뿐
> 아니라 전화기도 발명했어요.

130 · 의사소통 한국어 4

130

4) 2번의 〈보기〉에 제시된 에디슨의 두 가지 업적과 이를
한 문장으로 나타낸 문장을 읽어 보게 한다.

5) 교사는 다음과 같이 문맥 속에서 '-을 뿐 아니라'의 의
미를 설명한다.

> 🟦 에디슨은 두 가지 훌륭한 일을 했어요. 첫 번째는 축음기를
> 발명했어요. 그리고 두 번째는 전화기를 발명했어요. 이렇
> 게 두 가지를 다 이야기하고 싶을 때 "에디슨은 축음기를
> 발명했을 뿐 아니라 전화기도 발명했어요."라고 말해요.

축음기를 발명하다,
고아를 돌보다, 간호 학교를
세우다, 오페라를 만들다

–을 뿐 아니라

3. 모둠별로 존경하는 인물에 대해 조사해서 발표해 봅시다.

1) 다음 빈칸을 채우고 말해 보세요.

제가 존경하는 인물에 대해서
발표하겠습니다. 저는 스티븐 호킹 박사를
존경합니다. 스티븐 호킹 박사는

_____ 을 뿐 아니라
_____.

- 블랙홀의 비밀을 밝히다
- 우주의 역사를 연구하다

2) 다음을 보고 존경하는 인물을 발표해 보세요.

신사임당

- 아름다운 그림을 많이 그리다
- 훌륭한 시를 쓰다

7. 백성을 위해 한글을 만드셨어요 • 131

131

문법 지식

–을 뿐 아니라

· 앞의 말이 나타내는 내용에 더해 뒤의 말이 나타내는 내용까지 작용함을 나타낸다.

· 동사, 형용사와 다음과 같이 결합한다.

	조건	형태	예시
①	받침 ○	–을 뿐 아니라	먹을 뿐 아니라, 작을 뿐 아니라
②	받침 ×, ㄹ 받침	–ㄹ 뿐 아니라(어간 'ㄹ' 탈락)	갈 뿐 아니라, 클 뿐 아니라, 살 뿐 아니라

㉠ 그는 키가 클 뿐 아니라 체격도 좋다.
  그는 수영을 잘할 뿐 아니라 야구도 잘한다.

· 앞에 명사가 올 때는 '뿐 아니라'와 결합한다.
  ㉠ 그 소식을 듣고 그의 가족뿐만 아니라 친구들도 아주 기뻐했다.

---

3 연습 – 15분

1) 2번에 제시된 위인의 이름과 업적을 먼저 말해 본다.

2) 먼저 각 위인의 업적을 〈보기〉와 같이 말해 보고, 다음으로 학생들이 한 명씩 돌아가며 말하게 한다.

3) 제시된 위인들 외에 부모님 나라의 위인으로 확장 연습을 할 수 있다. 그리고 이를 바탕으로 모둠별로 존경하는 인물을 정해 메모하고 발표하는 3번의 활동으로 연결시킬 수 있다.

  선 첫 번째 위인은 누구예요?
  학 테레사 수녀예요.
  선 테레사 수녀는 무슨 업적을 남겼어요?
  학 가난한 사람을 도왔어요. 그리고 고아를 돌봤어요.
  선 두 가지 일을 다 했어요. 그럼 어떻게 말해요?
  학 테레사 수녀는 가난한 사람을 도왔을 뿐 아니라 고아를 돌봤어요.

4 적용 – 13분

1) 3-1)에 제시된 스티븐 호킹의 업적을 설명하고, 발표문에 알맞은 말을 넣어 읽어 보게 한다.

2) 모둠을 나누어 모둠별로 2번의 인물 중에 한 명을 골라 메모하게 한다.

  선 에디슨, 테레사 수녀, 나이팅게일, 베토벤, 이 네 위인 중에서 한 명을 골라 보세요. 여기에 없는 다른 위인도 괜찮아요. 모둠별로 위인 한 명을 정하세요.
  선 그 위인의 업적에 대해서 조사해서 메모하세요.

3) 메모를 바탕으로 3-1)과 같이 발표문의 문구를 말해 보게 한다.

4) 모둠별로 존경하는 인물에 대해 발표하게 한다. 이때 교재에 제시된 인물 외에 다른 인물에 대해 발표할 수도 있다.

5 정리 – 2분

1) 익힘책 98~99쪽을 풀게 한다.

  ※ 유의점: 이때 익힘책 1, 2번은 교재 1번 어휘 학습 후에 이어서 풀어도 좋다. 그리고 익힘책 3, 4번은 교재 2번 문법 학습 후에 이어서 풀어도 좋다.

2) 존경하는 인물이나 좋아하는 친구에 대해 배운 표현을 사용해 존경하는 이유, 좋아하는 이유를 말해 보게 한다.

3) 숙제를 알려 주고, 다음 차시 예고를 한다.

· 주요 학습 내용

> 어휘
> 성실하다, 정이 많다, 책임감이 강하다
>
> 문법 및 표현
> -든지
>
> 준비물
> 듣기 자료

· 학습 목표

· 존경하는 이웃에 대한 글을 읽고 주위의 훌륭한 이웃에 대해 이야기할 수 있다.

1 도입, 읽기 전 – 5분

1) 학생들에게 자기가 사는 동네 이웃에 대해 이야기해 보게 한다.

> 셴 여러분 동네에 사는 이웃은 누가 있어요?
>
> 셴 이웃 중에서 훌륭한 점이 있어서 존경할 만한 이웃이 있어요?
>
> 셴 어떤 사람이에요?
>
> 셴 어떤 점이 훌륭해요?

2) 학생들에게 존경하는 이웃에 대한 글을 읽을 것임을 알린다.

3) 1번 그림을 보고 요우타의 동네에 어떤 이웃이 있는지 말해 보고, 어떤 사람들일지 추측해 보게 한다. 그리고 요우타가 그 사람들을 왜 존경하는지 추측해 본다.

2 읽기 중 – 20분

1) 1번 글을 교사를 따라 한 문장씩 읽게 한다.

2) 교사와 함께 정답을 확인한다.

3) 본문에서 해당 문제와 관련된 부분을 찾아 읽도록 한다.

4) 학생들과 함께 소리 내어 본문을 읽는다.

5) 본문에 등장하는 새 어휘를 맥락 속에서 다음과 같이 제시한다.

> 셴 우유 아주머니는 자기 일을 아주 열심히 해요. 그리고 하루도 빠지지 않고 일을 해요. 이렇게 어떤 일을 마음을 다해서 열심히 하는 사람을 성실하다고 해요.
>
> 셴 아파트 경비 아저씨는 어린이들이 다칠까 봐 걱정하세요. 어린이들을 사랑하고 어린이들에게 친절하시죠. 이렇게 누구를 사랑하거나 친하게 생각하는 마음이 많은 사람에게 정이 많다고 해요.
>
> 셴 그리고 아파트 경비 아저씨는 자기가 하는 일을 끝까지 열심히 다 하세요. 자기가 해야 하는 일을 중요하게 생각하고 꼭 해내요. 이런 사람을 책임감이 강한 사람이라고 해요.

---

④ 존경하는 이웃

1. 다음을 읽고 존경하는 이웃에 대해 이야기해 봅시다.

우리 동네에는 훌륭한 이웃이 있습니다. 아침에 제일 먼저 만날 수 있는 사람은 우유 아주머니입니다. 우유 아주머니는 비가 오든지 눈이 오든지 매일 우유를 배달하십니다. 어른들은 아주머니를 아주 성실한 사람이라고 칭찬합니다.

그리고 아파트 경비 아저씨입니다. 아파트에 어떤 차가 들어오든지 아저씨를 가장 먼저 만납니다. 아버지는 경비 아저씨가 정이 많고 책임감이 강한 분이라고 했습니다. 이렇게 우리 동네에는 훌륭한 이웃이 많습니다.

1) 사람들은 다음 이웃들을 어떻게 말해요?

> ● 우유 아주머니:
> ● 아파트 경비 아저씨:

132

어휘 지식

성실하다	태도나 행동이 진실하고 올바르며 정성스럽다. 예 성실한 학생. 지수는 모든 일에 최선을 다하는 성실하고 부지런한 학생이다.
정이 많다 [정이 만타]	사랑하거나 친근하다고 느끼는 마음이 많다. 예 영수는 정이 많아서 친구들에게 인기가 있다. 정이 많은 동생은 전학으로 친구들과 헤어질 때 정말 힘들어했다.
책임감이 강하다	맡아서 해야 할 일이나 의무를 중요하게 여기는 마음이 강하다. 예 반장은 책임감이 강한 학생이 맡는 것이 좋다. 지수는 책임감이 강해서 맡은 일은 끝까지 해낸다.

6) 1-2)의 문제의 답을 말해 본 후 교사와 함께 정답을 확인한다.

7) 목표 문법이 쓰인 문장의 의미에 대해 자세히 살펴본다. 이때 목표 문법을 문장의 맥락 속에서 다음과 같이 설명한다.

> 셴 사람들은 우유 아주머니를 왜 성실한 사람이라고 해요?

2) 다음 설명이 맞으면 ○, 틀리면 ✕표 하세요.

우유 아주머니는 눈이 오거나 비가 올 때만 우유 배달을 하십니다. (   )
아파트에 들어오는 차들은 가장 먼저 경비 아저씨를 만납니다. (   )

2. 다음 문장을 〈보기〉처럼 바꿔 말해 봅시다.

〈보기〉
어떤 차가 들어와도 다 교통정리를 해 주세요.
➡ 어떤 차가 들어오든지 언제나 교통정리를 해 주세요.

1) 요우타는 내가 무엇을 부탁해도 다 들어줘요.
➡ _____

2) 강아지는 내가 어디를 가도 늘 졸졸 따라와요.
➡ _____

3) 성우는 어떤 이야기를 해도 다 재미있어요.
➡ _____

4) 엄마는 내가 어떤 옷을 입어도 다 잘 어울린대요.
➡ _____

3. 여러분 주위에는 어떤 훌륭한 이웃이 있는지 말해 봅시다.

우리 선생님은 아주 친절해요.
내가 무엇을 물어보든지 친절하게 가르쳐 주세요.

친절한 사람   성실한 사람   정이 많은 사람   ?

7. 백성을 위해 한글을 만드셨어요 • 133

133

🔵 우유 아주머니는 비가 오든지 눈이 오든지 상관없이 매일 우유를 배달하세요. 그래서 사람들이 성실한 사람이라고 해요.

문법 지식

-든지

· 나열된 동작이나 상태, 대상들 중에서 어느 것이든 선택될 수 있음을 나타내는 연결 어미로 사용된다.

· 동사, 형용사와 결합하여 어간의 받침 유무에 관계없이 '-든지'를 사용한다.

	조건	형태	예시
①	받침 ○, ✕	-든지	먹든지, 좋든지, 오든지, 크든지

· '-든지 -든지'의 형태로 자주 쓰이며, '어디, 무엇, 언제, 누구' 등의 대명사와 함께 쓰이기도 한다.
🔴 언제 만나든지 반가운 친구예요.
　내일 영화를 보든지 드라이브를 가든지 하자.

8) 아파트 경비 아저씨와 옆집 강아지에 대한 문장도 7)과 같이 설명하여 목표 문법의 의미를 맥락 속에서 파악하게 한다.

9) 학습한 어휘와 문법 형태에 주의하며 읽기 지문을 다시 소리 내어 읽어 보게 한다. 한 사람씩 돌아가며 읽을 수도 있다.

③ 읽기 후 – 15분

1) 2번 문제를 통해 읽기 본문에 등장한 목표 문법을 강화하는 연습을 한다. 먼저 교사와 함께 〈보기〉의 문장을 읽어 본 뒤 학생들에게 1)~4)를 '-든지'를 사용해 바꿔 보게 한다.

2) 바꾼 문장을 써 보게 한다.

3) 학생들이 돌아가며 바꾼 문장을 읽어 보게 한다.

4) 익힘책 100~101쪽을 풀게 한다.

5) 3번 문제를 통해 주위의 훌륭한 이웃에 대해 이야기하면서 목표 문법을 자연스러운 맥락 속에서 활용해 본다. 우선 교사와 함께 〈보기〉를 읽어 본다.

6) 주위에 친절한 사람, 성실한 사람, 정이 많은 사람이 있는지 생각해 보게 한다.

7) 6)에서 생각한 사람에 대해 '-든지'를 사용해 말해 보게 한다. 오류가 있으면 교사가 오류를 교정한 문장을 말해 주거나 학생이 스스로 다시 말해 보게 할 수 있다.

🔵 여러분의 이웃 중에서 친절한 사람이 있어요? 어떤 이웃이 친절한지 한 번 생각해 보세요. 그 이웃이 언제 친절한지 '-든지'를 사용해서 말해 보세요.

8) 3번 말하기 활동을 통해 학생들이 목표 문법을 잘 이해하고 사용했는지 확인한다.

9) 숙제를 알려 주고, 다음 차시 예고를 한다.

⑤ 위인전 읽기

1. 다음 위인전을 읽고 이야기해 봅시다.

어릴 때부터 글 읽기를 좋아했던 세종대왕은 임금이 된 후에도 계속 열심히 공부했어요. 나라를 잘 다스리려면 임금이 공부를 게을리하면 안 된다고 생각했어요. 그리고 훌륭한 인재를 키워야 한다고 생각했어요. 그래서 뛰어난 학자를 뽑아 집현전에서 공부하게 했어요.
"재주가 있으면 누구에게나 기회를 주어야 한다."
세종대왕은 훌륭한 재주를 가진 사람에게는 누구든 기회를 주었어요. 그래서 장영실을 불러 해시계, 물시계, 측우기를 발명하게 했어요.
세종대왕은 과학뿐 아니라 예술에도 관심이 아주 많았기 때문에 박연에게 음악을 정리하고 악기를 개량하게 했지요. 세종대왕이 한 일 중 가장 훌륭한 일은 한글을 만든 것이에요.

글자를 만들어서 백성들이 쉽게 쓰게 해야겠다.

한글을 만들기 전에는 한자를 빌려 썼는데, 한자는 보통 사람들이 배우기가 어려웠어요. 세종대왕이 한글을 만든 덕분에 사람들은 자기의 생각을 쉽게 글로 쓸 수 있게 되었어요. 이러한 노력으로 백성들의 삶은 풍요로워졌답니다.

1) 맞는 것에 ○표 하세요.

① 세종대왕은 임금이 된 후에도 열심히 공부했어요. ( )
세종대왕은 임금이 된 후에는 공부를 게을리했어요. ( )

② 세종대왕은 과학과 음악에 관심이 많았어요. ( )
세종대왕은 음악에만 관심이 많았어요. ( )

③ 세종대왕은 한글을 만들었어요. ( )
세종대왕은 한자를 만들었어요. ( )

2) 세종대왕이 한 일 중 가장 훌륭한 일은 무엇이에요?

3) 세종대왕이 한글을 만든 후 백성들에게 어떤 일이 일어났어요?

2. 세종대왕 이야기를 읽고 다음 말을 써서 이야기해 봅시다.

만약에 ~지 않았다면……

만약에 세종대왕이 한글을 만들지 않았다면 백성들은 글을 못 읽었을 거예요.

5차시 위인전 읽기

· **학습 목표**
· 위인전을 읽고 감상을 말할 수 있다.

① 도입, 읽기 전 – 10분

1) 위인전을 읽은 경험에 대해 생각하고 이야기해 보게 한다.
   신 훌륭한 사람에 대한 이야기를 위인전이라고 해요. 여러분은 위인전을 읽은 적이 있어요? 어떤 위인에 대한 위인전이었어요?
   신 위인전의 내용 중에서 기억에 남는 것이 있어요? 뭐예요?

2) 이번 수업에서는 세종대왕에 대한 이야기를 읽을 것임을 예고한다.
   신 우리가 배우는 이 글자 이름이 뭔지 알아요? 오늘은 한글을 만든 세종대왕에 대한 이야기를 읽을 거예요.

3) 이때 만 원짜리 지폐에 인쇄된 세종대왕을 보여 주며 세종대왕에 대한 흥미를 불러일으킬 수 있다.

② 읽기 중 – 20분

1) 교사를 따라서 1번 글을 한 문장씩 소리 내어 읽는다.

2) 글을 다 읽고 1-1) 질문에 답하게 한다.

3) 1-2), 3) 문제에 대한 답을 찾으라고 한 후, 교사가 읽기 본문을 보통 속도로 읽어 주고, 학생들은 이를 들으며 문제의 답을 찾게 한다.

4) 함께 정답을 확인한다.

5) 다시 한번 본문을 소리 내어 읽어 본다. 전체 학생이 한 목소리로 읽을 수도 있고, 한 사람이 한 문장씩 차례로 읽거나 뺏어 읽기를 할 수도 있다.

③ 읽기 후 – 10분

1) 세종대왕의 이야기 중에서 어떤 부분이 가장 재미있었는지, 기억에 남는 부분은 어디인지 말해 보게 한다.

2) 두 사람씩 짝을 지어 세종대왕이 한글을 만들지 않았다면 어떤 일이 일어났을지 상상해 말해 본다. 이때 '만약에 …지 않았다면'이라는 표현을 사용해 말해 보도록 한다.

3) 상상한 내용을 학생들 앞에서 발표하게 한다.

4) 숙제를 알려 주고, 다음 차시 예고를 한다.

⑥ 존경하는 인물에게
편지 쓰기

1. 친구가 세종대왕에게 쓴 편지를 읽어 봅시다.

> 세종대왕 할아버지께
>
> 저는 대전에 사는 성우예요. 만약 세종대왕 할아버지가 한글을 만들지
> 않으셨다면, 저는 지금 어려운 한자를 공부하고 있을 거예요. 그렇지만
> 한글이 배우기 쉬워서 저와 제 친구들은 지금 모두 책을 잘 읽을 수 있어요.
> 한글을 만들어 주셔서 고맙습니다. 저도 할아버지처럼 다른 사람을 위해
> 좋은 일을 하고 싶어요.
>
> 2019년 9월 20일
> 성우 올림

1) 세종대왕이 한글을 만들지 않았다면 성우에게 어떤 일이 생겼을까요?

2) 성우는 세종대왕의 어떤 점을 닮고 싶어 해요?

2. 다음 말을 사용해 세종대왕에게 편지를 써 봅시다.

1) 다음 말로 문장을 만들어 보세요.

> 만약에 ~지 않았다면……
>
> 저도 세종대왕 할아버지처럼
> ……

2) 위의 문장을 사용해 편지를 써 보세요.

      년   월   일
            올림

3) 편지를 발표해 보세요.

6차시 존경하는 인물에게 편지 쓰기

· **학습 목표**
· 세종대왕의 위인전을 읽고 세종대왕에게 편지를 쓸 수 있다.

① 도입, 쓰기 전 - 10분

1) 교사가 다음과 같이 질문하여 앞 차시에서 읽은 세종대왕 이야기를 떠올려 말해 보게 한다.

   ☑ 지난 시간에 세종대왕 이야기를 읽었어요. 세종대왕은 어떤 사람이에요? 무엇을 만들었어요? 무엇으로 유명해요?

   ☑ 세종대왕 이야기에서 가장 기억에 남는 부분은 뭐였어요?

2) 1번에서 성우가 쓴 독서 감상문을 읽고 문제에 답하며, 독서 감상문에 들어갈 내용을 파악해 본다.

   ☑ 성우도 우리처럼 세종대왕 이야기를 읽었어요. 성우는 세종대왕 이야기를 너무 재미있게 읽고 독서 감상문을 썼어요. 성우는 세종대왕 이야기에서 어떤 부분을 재미있게 읽었는지, 어떤 부분이 기억에 남는지 성우의 독서 감상문을 읽어 봅시다.

3) 다 같이 소리 내어 1번 독서 감상문을 읽어 본다.

4) 1-1)~2)의 질문을 하여 학생들이 대답하게 한다.

② 쓰기 중 - 20분

1) 세종대왕에게 편지 쓰기에 앞서 편지에 들어갈 핵심 문장을 말풍선과 같이 만들어 보도록 한다. 이때 '만약에 ~지 않았다면'과 '저도 세종대왕 할아버지처럼'을 사용해 문장을 만들도록 한다.

2) 만든 문장을 친구들과 같이 이야기해 보게 한다.

3) 만든 문장 두 개를 활용해 세종대왕에게 편지를 써 보게 한다.

③ 쓰기 후 - 10분

1) 완성한 편지를 친구들 앞에서 발표해 보게 한다.

2) 숙제를 알려 주고, 다음 차시 예고를 한다.

책 속 인물 소개하기

1. 친구의 인물 소개를 들고 대답해 봅시다. 🔊 34

1) 지민이가 누구를 소개했어요?

2) 테레사 수녀님이 어떤 일을 했는지 말해 보세요.

고아를 _____ 아픈 사람들을 치료해 주었습니다.

3) 다시 잘 듣고 빈칸을 채워 보세요.

테레사 수녀님은 인도에서 사람들을 _____ 평생 봉사했습니다.

테레사 수녀님은 언제나 하얀 옷을 입었는데, 인도에서 하얀 옷은 가난한 사람들이 입는 옷이었습니다.

이렇게 수녀님은 언제나 가난하고 어려운 사람 _____ 이었습니다.

2. 다음 메모를 보고 인물을 소개해 봅시다.

- 이름: 신사임당
- 직업: 조선 시대 화가
- 아름다운 시를 썼다.
- 아름다운 그림을 그렸다.
- 이이라는 훌륭한 학자를 아들로 두었다.
- 5만 원짜리 지폐에 신사임당과 그녀의 그림이 나와 있다.

다음에 소개해 드릴 사람은 신사임당입니다. 신사임당은 _____ 입니다.

3. 부모님 나라의 위인을 조사해서 발표해 봅시다.

- 이름:
- 직업:
- _____
- _____
- _____

7차시 책 속 인물 소개하기

• 학습 목표
- 위인을 조사해서 소개할 수 있다.

1 도입, 듣기 전 – 5분

1) 교사는 내용을 이해하는 데 필요한 어휘나 배경지식을 주기 위해 테레사 수녀의 사진을 보여 주고, 학생들은 교사의 몇 가지 질문에 대답하면서 내용을 예측한다. 앞 차시에서 테레사 수녀(마더 테레사)가 한 일을 접한 적이 있으므로 이를 떠올려 본다.

   🔵 이 사람이 누구예요? 테레사 수녀님은 어떤 훌륭한 일을 했어요?

2) 이번 차시에서는 테레사 수녀를 소개하는 발표를 들을 것임을 예고한다.

   🔵 이번 시간에는 지민이가 테레사 수녀님에 대한 책을 읽고 테레사 수녀님을 소개하는 발표를 할 거예요. 발표를 들으면서 테레사 수녀님에 대해서 더 알아봅시다.

2 듣기 중 – 15분

1) 듣기 자료를 듣게 한다.

2) 듣기 자료를 다시 듣고 1-1)~2)의 질문에 답하게 한다.

3) 듣기 자료를 다시 한번 들으면서 1-3)의 빈칸에 들은 내용을 써 보게 한다.

듣기 자료 🔊 34

지민: 저는 며칠 전에 읽은 책에 나온 테레사 수녀님을 소개해 드리겠습니다. 테레사 수녀님은 유럽 사람이었습니다. 그렇지만 인도에서 사람들을 위해 평생 봉사했습니다. 고아를 돌보았을 뿐 아니라 아픈 사람들을 치료해 주었습니다. 테레사 수녀님은 언제나 하얀 옷을 입었는데, 인도에서 하얀 옷은 가난한 사람들이 입는 옷이었습니다. 이렇게 수녀님은 언제나 가난하고 어려운 사람 편이었습니다. 그래서 인도 사람들은 아직도 테레사 수녀님을 아주 사랑하고 있습니다.

4) 교사는 1-3)의 정답을 칠판에 써 주고 학생들이 정답을 맞게 썼는지 확인한다.

5) 1-3)의 말풍선의 빈칸을 채워 다 같이 읽어 보거나, 한 사람씩 읽어 보게 한다.

6) 듣기 자료를 한 문장씩 끊어 들으면서 따라 해 보게 한다.

7) 들은 내용을 바탕으로 테레사 수녀님에 대해서 간략히 소개해 본다.

3 듣기 후 – 20분

1) 2번에 제시된 신사임당의 소개 쪽지를 보고 지민이가 되어서 위인을 소개해 본다. 우선 쪽지의 내용을 교사와 함께 읽으며, 신사임당에 대한 정보를 파악하게 한다.

2) 두 명씩 짝을 지어 친구에게 신사임당을 소개해 보고, 전체 학생들 앞에서도 소개해 보게 한다.

3) 교사는 부모님 나라의 위인을 조사해 오는 숙제를 내고, 3번에 메모한 내용을 보고 다음 시간에 발표할 것임을 예고한다.

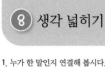

8차시 생각 넓히기

・ **학습 목표**
・ 위인들의 명언을 알아보고 나만의 명언을 만들 수 있다.

1 도입 – 7분

1) 명언 중 들어본 것이 있는지 말해 보게 한다.

   선 훌륭한 사람들이 했던 말 중에서 유명한 말을 '명언'이라
   고 해요. 많은 명언들이 있는데 여러분도 아는 것이 있어
   요? 어떤 거예요?

2) 교사가 유명한 명언을 몇 가지 이야기해 줄 수도 있다.

   선 이런 명언 들어 봤어요?
   "너 자신을 알라."(소크라테스), "나는 생각한다. 고로 존
   재한다."(데카르트), "나를 알고 적을 알면 백전백승이
   다."(나폴레옹), "죽느냐, 사느냐 그것이 문제로다."(햄릿),
   "인내는 쓰다. 그러나 그 열매는 달다."(루소), "아는 것이
   힘이다."(베이컨)

3) 이번 차시에서는 위인들이 남긴 명언에 대해 알아볼
   것임을 알려 준다.

2 제시 – 8분

1) 1번에 제시된 명언을 읽어 보고, 그 명언을 남긴 위인
   을 추측하여 연결해 보게 한다.

2) 교사와 함께 정답을 확인한다.

3) 각 명언들이 무슨 뜻인지 그것을 남긴 위인과 관련 지
   어 추측해 보게 한다.

4) 2번에 제시된 설명을 참고하여 각 명언의 의미를 파악
   하게 한다.

5) 어떤 상황에서 각 명언을 적용할 수 있을지 말해 보게
   한다.

3 연습 – 7분

1) 3번의 그림과 말풍선을 보며 어떤 상황인지 말해 보게
   한다.

2) 그림 속 친구들에게 어떤 명언이 어울릴지 말해 보게
   한다.

3) 어울리는 명언을 빈칸에 채워 말해 보게 한다.

4) 3번의 그림들을 재현해 역할극을 해 보게 한다.

4 활용 – 15분

1) 나만의 명언을 만들어 말해 보게 한다.

2) 어떤 상황에 적용되는 말인지 교사가 듣고 문장을 다
   듬어 준다.

3) 교사가 다듬어 준 문장을 4번의 빈칸에 쓰도록 한다.

4) 나만의 명언을 친구들 앞에서 발표하고, 무슨 뜻인지
   설명하도록 한다.

5 정리 – 3분

1) 친구들이 만든 명언 중에서 가장 마음에 드는 것을 골
   라 그 이유를 이야기하도록 한다.

8단원 • 성격이 아주 유쾌한가 봐

● 단원의 개관

이 단원의 목표는 학생들이 자신의 장점과 적성에 대해 이야기할 수 있는 어휘와 표현을 익혀 진로와 장래 희망을 주제로 의사소통하는 것이다. 그 과정에서 일상 대화, 수업 대화, 발표문, 신문 기사 등 다양한 담화 장르를 통해 의사소통 활동을 수행하게 될 것이다.

학습 목표	• 친구의 장점을 칭찬하여 말할 수 있다. • 자신의 적성을 추측하여 말할 수 있다.						
주제	장면		기능	문법	어휘	문화	담화 유형
	일상생활	학교생활					
진로	내가 좋아하는 것	진로 탐구 대회	칭찬하기 추측하기	-던데 -잖아 -은가 보다 -어서인지	적성 관련 어휘 성격 관련 어휘	적성과 직업	대화 수업 대화 발표문 신문 기사
	내가 잘하는 것	장래 희망					

● 차시 전개 과정

차시	차시 제목	성격	학습 내용	교재 쪽수	익힘책 쪽수
1	내가 좋아하는 것	필수	• 친구들이 좋아하는 일을 말할 수 있다.	144	104
2	내가 잘하는 것	필수	• 친구들이 잘하는 일을 말할 수 있다.	146	108
3	진로 탐구 대회	필수	• 친구들의 장래 희망을 듣고 성격을 추측해 말할 수 있다.	148	110
4	장래 희망	필수	• 장래 희망에 대한 발표문을 읽고 자신의 장래 희망과 이를 갖게 된 이유를 말할 수 있다.	150	112
5	인터뷰 기사문 읽기	선택	• 인터뷰 대화와 인터뷰 기사문을 읽고 인터뷰 대화를 바탕으로 인터뷰 기사문을 쓸 수 있다.	152	-
6	인터뷰 기사문 쓰기	선택	• 여러 직업 중 하나를 골라 그 직업을 가진 사람을 인터뷰하고 인터뷰 기사문을 쓸 수 있다.	154	-
7	미래의 모습 이야기하기	선택	• 미래의 모습에 대한 대화를 듣고 서로의 미래의 모습에 대해 이야기를 나눌 수 있다.	156	-
8	생각 넓히기	선택	• 좋아하는 것과 잘하는 것에 대해 이야기하고 어울리는 직업을 말할 수 있다.	158	-

● 단원 지도상의 유의점

◆ 초등학생 학습자를 고려하여 어휘, 문법을 분리하여 명시적으로 교수하지 않고, 주어진 장면과 상황, 대화 속에서 어휘 및 표현을 이해하고 연습할 수 있도록 한다.

◆ 필수 차시의 마지막 활용 문항은 매 차시 배운 어휘나 문법을 활용해 2~3문장 이상의 복문이나 대화로 말할 수 있도록 지도한다.

◆ 필수 차시에서 문법이나 낱말을 따라 쓰거나, 활용형을 연습하거나 하는 등의 기계적인 연습이 필요하면 익힘책의 관련 페이지를 수업 시간에 활용한다.

◆ 의사소통 활동 중에 대상 학생들의 성격과 장래 희망 어휘를 확장함으로써 학생들의 동기를 높일 수 있다.

1차시 내가 좋아하는 것

· **주요 학습 내용**

> **어휘**
> 자동차 장난감을 가지고 놀다, 인형 옷을 갈아입히다,
> 병원놀이를 하다, 공룡 그림책을 보다, 춤을 따라 추다,
> 개그 프로그램을 보다
>
> **문법 및 표현**
> -던데
>
> **준비물**
> 듣기 자료

· **학습 목표**
· 친구들이 좋아하는 일을 말할 수 있다.

1 도입 – 5분

1) 단원 도입 그림을 보면서 단원 주제인 '진로'에 대해 이야기를 나누도록 한다.
   - 🔵 그림을 보고 친구들이 앞으로 커서 뭐가 되고 싶어 하는지 알아봅시다.
   - 🔵 아이다는 어떤 옷을 입고 있어요? 앞으로 무엇이 되고 싶어 하는 것 같아요?

2) 도입 질문과 연계해 차시 학습 목표를 소개한다.
   - 🔵 직업을 결정하기 위해서는 자기가 무엇을 좋아하고, 무엇을 잘하는지 알아야 하죠? 이번 단원에서는 여러분이 앞으로 무엇이 되고 싶은지에 대해 이야기해 볼 거예요. 여러분은 무엇을 할 때 즐거워요?
   - 🔵 여러분은 무엇을 잘할 수 있어요?
   - 🔵 이번 시간에는 먼저 여러분이 좋아하는 것에 대해서 이야기해 볼 거예요.

2 어휘 제시, 연습 – 10분

1) 1번 그림을 보며 학생들로 하여금 배울 낱말을 짐작해 보게 하고, 교사는 학생들이 알고 있는 낱말을 확인한다.
   - 🔵 친구들이 무엇을 하고 있어요?

2) 듣기 자료를 들려주고 가리키며 따라 하게 한다.

> **듣기 자료** 🔊 35
> ① 자동차 장난감을 가지고 놀다　② 인형 옷을 갈아입히다
> ③ 병원놀이를 하다　　　　　　　④ 공룡 그림책을 보다
> ⑤ 춤을 따라 추다　　　　　　　⑥ 개그 프로그램을 보다

3) 학생들이 그림만으로 의미 파악을 하기 어려운 어휘는 동작을 보여 주거나 적절한 상황과 예문을 들어 뜻을 파악할 수 있도록 한다.
   - 🔵 여러분은 놀 때 어떤 물건을 사용해요? 인형이나 자동차 장난감, 점토, 레고 블록을 가지고 놀아요? 이렇게 놀 때 어떤 물건을 사용하는 것을 '무엇을 가지고 놀다'라고 해요.
   - 🔵 인형 놀이를 할 때 여러 가지 옷을 바꿔 입혀요. 이렇게 다른 옷으로 바꾸어 입는 것을 '갈아입다'라고 하고, 다른 옷

1 내가 좋아하는 것

1. 친구들이 무엇을 하고 있는지 말해 봅시다.

   1) 듣고 가리키며 따라 하세요. 🔊 35

   자동차 장난감을 가지고 놀다　　　인형 옷을 갈아입히다

   병원놀이를 하다　　　공룡 그림책을 보다

   춤을 따라 추다　　　개그 프로그램을 보다

   2) 친구들이 무엇을 하고 있는지 말해 보세요.

    리암은 무엇을 하고 있어요?

    자동차 장난감을 가지고 놀고 있어요.

144 • 의사소통 한국어 4

144

으로 바꾸어 입히는 것을 '갈아입히다'라고 해요. 인형은 움직일 수 없기 때문에 스스로 옷을 입지 못하죠. 그래서 사람이 옷을 입혀요. 그리고 다른 옷으로 갈아입혀요.
- 🔵 아이들이 의사와 환자가 되어서 자신들이 마치 병원에서 의사와 환자인 것처럼 역할 놀이를 하죠. 이런 놀이를 병원놀이라고 해요.
- 🔵 다른 사람의 동작이나 다른 사람의 지시를 그대로 하는 것을 '따라 하다'라고 하고, 다른 사람의 춤을 똑같이 추는 것을 '따라 추다'라고 해요.
- 🔵 텔레비전에서 재미있는 프로그램을 많이 하죠. 그 프로그램 중에서 보는 사람을 웃게 하기 위해서 만든 프로그램을 '개그 프로그램'이라고 해요.

> **어휘 지식**
>
> | | |
> |---|---|
> | 가지고 놀다 | 무엇을 도구나 재료, 수단이나 방법으로 하여 놀다.
⑩ 공을 가지고 논다.
　장난감을 가지고 논다. |
> | 갈아입히다
[가라이피다] | 입고 있던 옷을 벗고 다른 옷으로 바꾸어 입게 하다.
⑩ 아이의 옷이 젖어 다른 옷으로 갈아입혔다.
　우리 아이는 인형 옷을 갈아입히며 노는 것을 좋아한다. |

114 • 의사소통 한국어 교사용 지도서 4

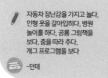

자동차 장난감을 가지고 놀다, 인형 옷을 갈아입히다, 병원 놀이를 하다, 공룡 그림책을 보다, 춤을 따라 추다, 개그 프로그램을 보다

-던데

2. 친구들이 무엇을 좋아하는지 이야기해 봅시다.

〈보기〉
지민아, 너는 뭘 할 때 제일 즐거워?
난 인형 옷을 갈아입힐 때가 제일 즐겁던데.

뭘 할 때 제일 재미있어?

뭘 할 때 시간 가는 줄 모르겠어?

뭘 할 때 제일 기분이 좋아?

3. 친구들마다 좋아하는 일이 달라요. 다음 일에 대한 친구들의 생각을 이야기해 봅시다.

〈보기〉
로봇 조립해 본 사람 있어? 나는 재미있던데.
나는 로봇 조립은 좀 어렵던데.
그래? 나는 재미있어서 매일 하고 싶던데.

① 강아지와 놀다   ② 자전거를 타다   ③ ?

8. 성격이 아주 유쾌한가 봐 • 145

145

병원놀이를 하다	의사와 환자 역할을 맡아 병원에서 일어나는 일을 흉내 내며 논다. 예 아이는 병원놀이가 지겨워지면 학교 놀이를 했다. 내 동생은 병원놀이를 할 때 늘 자기가 의사를 하려고 한다.
따라 추다	다른 사람이 추는 춤 동작을 똑같이 흉내 내다. 예 영희는 좋아하는 가수의 노래를 외우고 춤을 따라 추었다. 어찌나 춤을 잘 추는지 못 따라 추는 춤이 없다.
개그 프로그램	관객을 웃게 하기 위하여 만든 연극, 영화, 텔레비전의 프로그램. 예 주말 저녁에는 온 가족이 모여 개그 프로그램을 본다. 우울한 일이 있을 때는 개그 프로그램을 보며 웃고 나면 기분이 좋아진다.

4) 1-2) 말풍선과 같이 질문에 대답하도록 하여 낱말의 의미와 소리를 익히도록 한다. 교사와 전체 학생, 교사와 개별 학생으로 반복 연습한다.
   신 리암은 무엇을 하고 있어요?

③ 문법 제시, 연습 – 15분

1) 2번 〈보기〉 대화를 함께 읽어 보고, 문장의 의미를 파악할 수 있도록 한다.

2) 목표 문법의 의미를 맥락 속에서 이해할 수 있도록 하고, 다음과 같이 풀어서 설명한다.
   신 친구가 지민이한테 뭘 할 때 즐거운지 물었어요. 지민이는 인형 옷을 갈아입힐 때가 제일 즐거웠어요. 그래서 지민이는 "난 인형 옷을 갈아입힐 때가 제일 즐겁던데."라고 말했어요. 이렇게 자신이 과거에 해 보거나 들어 본 일을 말할 때 '즐겁던데, 좋던데, 맛있던데'라고 말해요.

문법 지식

-던데

· 과거에 직접 보거나 들어 경험하거나 관찰한 사실을 나타낼 때 사용한다.

· 동사나 형용사 '이다, 아니다'의 어간에 결합한다. 단, '이다' 앞의 명사에 받침이 없으면 주로 '명사 + -던데'라고 쓴다.

	조건	형태	예시
①	받침 ○, ×	-던데	작던데, 먹던데, 크던데, 가던데, 가수던데, 학생이던데

· 직접 경험하거나 관찰한 사실을 근거로 제안이나 명령, 질문 등을 하는 경우에 많이 사용되며, 직접 경험하거나 관찰한 사실을 단순히 제시하는 종결 어미로 사용되기도 한다.
   예 이 식당 김치찌개는 맵던데.
      운동장에 학생들이 많던데 무슨 일이 있나?

3) 2번 그림을 보고 목표 문법을 사용해 말풍선의 질문에 대답해 본다. 교사와 전체 학생, 교사와 개별 학생으로 묻고 대답할 수 있다.

④ 적용 – 7분

1) 3번 〈보기〉를 세 사람이 역할을 나누어 읽도록 한다.

2) 3-①~③의 그림과 어휘를 사용해 〈보기〉와 같은 대화를 만들어 본다. 대화를 시작할 사람을 정하고 목표 문법을 사용해 응답하게 한다.

3) 교재에 제시된 어휘 외에도 자유롭게 다른 어휘로 대화를 시작하고 그에 반응해 보게 한다.

⑤ 정리 – 3분

1) 익힘책 104~107쪽을 풀게 한다.

   ※ 유의점: 이때 익힘책 1, 2번은 교재 1번 어휘 학습 후에 이어서 풀어도 좋다. 그리고 익힘책 3번은 교재 3번 문제를 쓰기로 확장해 연습하는 문제이므로 3번 활동과 연계하도록 한다.

2) 배운 어휘와 표현을 사용해 대답할 수 있도록 질문해 목표 어휘와 문법을 잘 이해하고 사용할 수 있는지 확인한다. 이때 교사의 질문에 대한 답이므로 '-던데'에 '요'를 붙여 '-던데요'로 대답하게 한다.
   신 여러분, 유명한 가수의 춤을 따라 춰 본 적이 있어요? 어땠어요?

3) 숙제를 알려 주고, 다음 차시 예고를 한다.

· 주요 학습 내용

> **어휘**
> 동물을 돌보다, 예쁜 인형을 그리다, 자동차를 잘 알다,
> 공룡 이름을 외우다, 노래를 만들다, 흉내를 내다
>
> **문법 및 표현**
> -잖아
>
> **준비물**
> 듣기 자료, 메모지

· 학습 목표

· 친구들이 잘하는 일을 말할 수 있다.

1 도입 – 3분

1) 다음과 같이 질문하며 차시 주제인 '내가 잘하는 것'에 대해 도입한다.

> 전 사람마다 잘하는 것이 있죠? 그리고 사람마다 잘하는 것이 다 달라요. 여러분은 무엇을 잘해요? 자기가 잘하는 것을 말해 보세요.
>
> 전 오늘은 나와 친구들이 '잘하는 것'에 대해서 이야기해 볼 거예요.

2) 그림을 보면서 1-1) 질문에 대답하도록 한다.

> 전 그림을 보면서 친구들이 무엇을 잘하는지 말해 보세요.

2 어휘 제시, 연습 – 10분

1) 듣기 자료를 들으면서 낱말을 가리키고 따라 하게 한다.

> **듣기 자료 📻 36**
> ① 동물을 돌보다   ② 예쁜 인형을 그리다
> ③ 자동차를 잘 알다   ④ 공룡 이름을 외우다
> ⑤ 노래를 만들다   ⑥ 흉내를 내다

2) 배운 어휘를 사용해 친구들이 무엇을 잘하는지 질문에 대답하게 한다. 교사와 전체 학생 또는 교사와 개별 학생으로 질문과 대답을 한다.

> 전 요우타는 무엇을 잘해요?

어휘 지식	
돌보다	어떤 대상에 관심을 가지고 보호하며 살피다. 예 어머니는 종일 아기를 돌보느라 일할 시간이 없었다. 아이는 강아지를 키우게 해 주면 스스로 강아지를 돌보겠다고 약속했다.
흉내를 내다	다른 사람 또는 동물의 말, 소리, 행동 등을 그대로 옮기다. 예 승규는 소의 울음소리를 곧잘 흉내를 냈다. 지수는 담임 선생님의 말투와 비슷하게 흉내를 낼 수 있었다.

---

2 내가 잘하는 것

1. 친구들이 무엇을 잘하는지 이야기해 봅시다.

동물을 돌보다
예쁜 인형을 그리다
자동차를 잘 알다
공룡 이름을 외우다
노래를 만들다
애들아!
흉내를 내다

1) 그림을 보고 친구들이 잘하는 것을 이야기해 보세요.

2) 듣고 가리키고 따라 쓰세요. 📻 36

3) 선생님과 친구들의 이야기를 듣고 따라 하세요. 📻 37

> 〈보기〉
> **선생님:** 우리 반 친구들이 잘하는 것을 이야기해 봐요.
> 여러분, 요우타는 무엇을 잘해요?
> **지민:** 요우타, 너는 친구들 흉내를 아주 잘 내잖아.
> **리암:** 맞아. 선생님 흉내도 아주 잘 내잖아.

146 · 의사소통 한국어 4

146

3 문법 제시, 연습 – 13분

1) 1-3)의 듣기 자료에 제시된 대화를 듣고 따라 하게 한다.

> **듣기 자료 📻 37**
> 선생님: 우리 반 친구들이 잘하는 것을 이야기해 봐요.
> 여러분, 요우타는 무엇을 잘해요?
> 지민: 요우타, 너는 친구들 흉내를 아주 잘 내잖아.
> 리암: 맞아. 선생님 흉내도 아주 잘 내잖아.

2) 1-3)의 맥락 속에서 '-잖아'의 의미를 다음과 같이 제시한다.

> 전 선생님이 "요우타는 무엇을 잘해요?"라고 질문했어요. 친구들은 모두 요우타가 흉내를 잘 내는 것을 이미 알아요. 요우타도 알아요. 그래서 친구들은 요우타에게 "너는 친구들 흉내를 아주 잘 내잖아.", "선생님 흉내도 아주 잘 내잖아."라고 말해요. 우리가 다 알고 있는 것이지만 다시 한번 말해서 알려 주는 거죠.

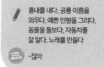

흉내를 내다, 공룡 이름을 외우다, 예쁜 인형을 그리다, 동물을 돌보다, 자동차를 잘 알다, 노래를 만들다

📝 -잖아

2. 친구가 무엇을 잘하는지 알려 줍시다.

나는 잘하는 게 없는 것 같아……

무슨 소리야? 넌 동물을 잘 돌보잖아.

그래, 동물들이 너만 따르잖아.

① 아비가일 _____

② 지민 _____

③ 성우 _____

④ 리암 _____

3. 나는 무엇을 잘할까요? 친구들의 이야기를 듣고 말해 봅시다.

1) 친구의 이름이 적힌 종이에 친구가 잘하는 것을 써 주세요.

저밍 너는 다른 친구의
이야기를 잘 들어주잖아.

2) 친구들이 적어 준 종이를 보고 내가 잘하는 것을 말해 보세요.

친구들이 제가 잘하는 것을 이렇게 알려 줬어요. 저는 다른 친구의 이야기를 잘 들어줘요. 그리고……

문법 지식

-잖아

· 어떤 상황이나 정보를 상대방에게 확인시키거나 정정해 줄 때 사용한다.

	조건	형태	예시
①	받침 ○, ×	-잖아	작잖아, 춥잖아, 크잖아, 먹잖아, 듣잖아, 살잖아, 가잖아

· 동사나 형용사 '이다, 아니다'의 어간에 결합한다. 단, '이다' 앞의 명사에 받침이 없으면 '명사 + −잖아'라고 쓴다.

📝 내일은 일요일이라서 학교에 안 가잖아.
빨리 숙제를 하라고 했잖아.

3) 대화의 상황을 이해한 후 역할을 나누어 1-3)의 대화를 재현해 보게 한다.

---

4) 2번 〈보기〉와 같이 친구가 잘하는 것을 모두가 이미 알고 있을 때, 두세 사람이 그것을 친구에게 말해 주는 대화를 해 보게 한다. 먼저 ①~④의 그림을 보고 친구가 잘하는 것을 말해 보게 한다.

🔴 아이다는 무엇을 잘해요?

5) 교사가 "나는 잘하는 게 없는 것 같아."로 대화를 시작하면 학생들이 잘하는 것을 알려 준다.

🔴 아이다는 자기가 잘하는 것이 없다고 생각해요. 우리는 아이다가 잘하는 것을 다 알고 있죠?

🔴 아이다가 잘하는 것을 말해 줍시다.

6) 2-①~④의 문제를 보고 역할을 정해 한 학생이 대화를 시작하면 다른 학생들이 잘하는 것을 알려 준다.

7) 순서를 정해 한 사람씩 〈보기〉와 같이 "나는 잘하는 게 없는 것 같아."라고 말하면 다른 학생들이 그 학생이 잘하는 것을 '-잖아'를 사용해 말해 준다.

4 적용 - 12분

1) 교사가 쪽지에 학생들의 이름을 써서 학생들이 다른 친구의 이름이 적힌 종이를 2개 이상 받을 수 있게 나누어 준다.

2) 3-1)과 같이 목표 문법을 사용해 친구가 잘하는 일을 알려 주는 쪽지를 쓰도록 한다.

3) 교사는 학생들이 쓴 쪽지를 걷어서 해당 학생에게 나누어 준다.

4) 학생들은 자신의 이름이 적힌 쪽지를 받아서 읽어 본다.

5) 〈보기〉를 다 같이 읽어 본다.

6) 친구들이 써 준 쪽지를 보고 자기가 잘하는 것을 발표해 본다.

5 정리 - 2분

1) 익힘책 108~109쪽을 풀게 한다.

※ 유의점. 이때 익힘책 1번은 교재 1번 어휘 학습 후에 이어서 풀어도 좋다. 익힘책 2, 3번은 교재 2번 문법 학습 후에 이어서 풀어도 좋다. 익힘책 3번은 교재 3-1) 활동 전에 수행함으로써 실제 같은 반 친구에게 쪽지를 써 주기 전 충분한 연습이 되도록 할 수 있다.

2) 숙제를 알려 주고, 다음 차시 예고를 한다.

- **주요 학습 내용**

> 어휘
> 유쾌하다, 집중력이 강하다, 마음이 따뜻하다, 흥이 많다,
> 도전 정신이 강하다, 상상력이 풍부하다
>
> 문법 및 표현
> -은가 보다
>
> 준비물
> 듣기 자료

- **학습 목표**
- 친구들의 장래 희망을 듣고 성격을 추측해 말할 수 있다.

1 도입 – 3분

1) 1번 진로 탐구 대회 그림을 보면서 친구들의 장래 희망과 성격을 짐작해 보게 한다.

> 🔲 친구들이 진로 탐구 대회를 하고 있어요. 진로 탐구 대회에서는 나중에 커서 어떤 일을 하면 좋을지 다양한 직업에 대해서 알아봐요.
>
> 🔲 친구들은 앞으로 무슨 일을 하고 싶어 하는 것 같아요?
>
> 🔲 요우타는 개그맨이 되고 싶어 해요. 요우타의 성격은 어떨까요?

2) 이번 차시에서는 장래 희망과 성격에 대해서 이야기해 볼 것임을 알려 준다.

2 어휘 제시, 연습 – 12분

1) 그림을 보며 직업명을 말해 보고, 그에 어울리는 성격도 말해 본다. 학생들이 직업명을 잘 모르면 간략히 설명해 준다. 교사는 학생들이 이미 알고 있는 어휘가 있는지 파악한다.

2) 듣기 자료를 들으면서 낱말을 가리키고 따라 하게 한다.

> **듣기 자료** 📀 38
> ① 유쾌하다　　　　② 집중력이 강하다
> ③ 마음이 따뜻하다　④ 흥이 많다
> ⑤ 도전 정신이 강하다　⑥ 상상력이 풍부하다

3) 1-2)의 대화와 같이 그림을 보며 친구들의 성격을 교사와 전체 학생으로 묻고 대답한다. 학생들이 잘 모르는 어휘는 간략히 설명해 준다.

어휘 지식	
유쾌하다	즐겁고 상쾌하다. 예 유쾌한 기분. 오랜만에 가족들과 나들이를 하니 기분이 매우 유쾌했다.
집중력 [집쭝녁]	관심이나 생각을 한 가지 일에 쏟아붓는 힘. 예 집중력이 강하다. 집중력이 약한 그는 잠시도 책상에 차분히 앉아 공부를 하지 못한다.

3 진로 탐구 대회

1. 친구들의 성격에 대해 이야기해 봅시다.

> 진로 탐구 대회
> 개그맨 — 유쾌하다
> 공룡 박사 — 집중력이 강하다
> 수의사 — 마음이 따뜻하다
> 연예인 — 흥이 많다
> 카레이서 — 도전 정신이 강하다
> 의상 디자이너 — 상상력이 풍부하다

1) 듣고 가리키며 따라 하세요. 📀 38

2) 친구들의 성격을 말해 보세요.

> 요우타는 성격이 어때요?
>
> 요우타는 유쾌해요.

마음이 따뜻하다 [마음이 따뜨타다]	사람 됨됨이가 정답고 편안하다. 예 어머니는 마음이 따뜻해서 내 친구들도 자기 자식처럼 아끼신다. 아픈 강아지는 마음이 따뜻한 주인을 만나 정성껏 돌봄을 받았다.
흥	즐거운 감정 또는 즐거움을 일어나게 하는 감정. 예 흥이 많다. 할머니는 콧노래를 부르면서 흥에 겨워 어깨춤을 추셨다.
도전 정신	가치 있는 것이나 목표한 것을 얻기 위해 어려움에 맞서려는 마음. 예 도전 정신이 강하다. 사람들은 자신의 한계를 뛰어넘으려는 국가 대표 선수들의 도전 정신을 칭찬했다.
상상력 [상:상녁]	실제로 경험하지 않거나 보지 않은 것을 생각해 내는 능력. 예 상상력이 풍부하다. 그 작가는 어렸을 때부터 상상력이 뛰어나기로 유명했다.

4) 학생들에게 배운 단어를 활용해 문장이나 대화를 만들어 보게 한다. 교사가 먼저 시범을 보인다.

유쾌하다, 집중력이 강하다,
마음이 따뜻하다, 흥이
많다, 도전 정신이 강하다,
상상력이 풍부하다

-은가 보다

2. 진로 탐구 대회 그림을 보고 친구들의 성격을 추측해 봅시다.

〈보기〉 요우타는 개그맨이 되고 싶구나.
요우타는 성격이 아주 유쾌한가 봐.

3. 친구들의 장래 희망을 들어 보고 성격을 추측해 봅시다.

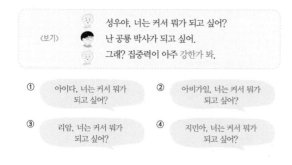

〈보기〉 성우야, 너는 커서 뭐가 되고 싶어?
난 공룡 박사가 되고 싶어.
그래? 집중력이 아주 강한가 봐.

① 아이다, 너는 커서 뭐가 되고 싶어?

② 아비가일, 너는 커서 뭐가 되고 싶어?

③ 리암, 너는 커서 뭐가 되고 싶어?

④ 지민아, 너는 커서 뭐가 되고 싶어?

8. 성격이 아주 유쾌한가 봐 • 149

149

문법 지식

-은가 보다

· 어떤 사실이나 상황으로 미루어 볼 때 그런 것 같다는 추측을 나타낼 때 사용한다.

		조건	형태	예시
①	동사	받침 ○, ×	-나 보다	먹나 보다, 찾나 보다, 가나 보다
②		ㄹ 받침	-나 보다 (어간 'ㄹ' 탈락)	사나 보다, 노나 보다, 만드나 보다
③	형용사 '이다, 아니다'	받침 ○	-은가 보다	작은가 보다, 귀찮은가 보다
		받침 ×	-ㄴ가 보다	큰가 보다, 불편한가 보다, 학생인가 보다

· 1인칭 주어와 결합하지 않는다.

· '-은가 보다'는 '-는 것 같다'와 달리 추측의 근거가 있는 경우에 사용하며, 추측의 근거가 앞말에 올 때는 주로 '-은 걸 보니, -더니' 등이 결합하여 사용된다.
예 앤디가 테니스를 잘 치나 봐요.
매일 같이 등하교하는 걸 보니 두 사람이 정말 친한가 봐요.

④ 적용 - 8분

1) 두 학생을 지목하여 3번의 〈보기〉를 역할을 나누어 읽어 보게 한다.

2) 두 사람씩 짝을 지어 ①~④의 문장으로 시작하는 대화를 만들어 보도록 한다.

3) 만든 대화를 전체 학생들 앞에서 발표해 보도록 한다.

⑤ 정리 - 2분

1) 익힘책 110~111쪽을 풀게 한다.

※ 유의점: 이때 익힘책 1, 2번은 교재 1번 어휘 학습 후에 이어서 풀어도 좋다. 그리고 익힘책 3번은 교재 2번 문법 학습의 확장 연습이므로 이어서 풀도록 한다. 마찬가지로 익힘책 4번은 교재 3번의 확장 연습이므로 연계해서 푸는 것이 좋다.

2) 숙제를 알려 주고, 다음 차시 예고를 한다.

---

③ 문법 제시, 연습 - 15분

1) 진로 탐구 대회에서 친구들이 그린 장래 희망 그림을 보며 2번 〈보기〉와 같이 성격을 추측하는 말을 해 본다. 이때 맥락 속에서 '-은가 보다'의 의미를 다음과 같이 설명한다.

선 요우타는 개그맨이 되고 싶어 해요. 요우타의 장래 희망이 개그맨인 것을 보니까 아마 요우타는 성격이 유쾌할 거라고 생각하게 돼요. 이렇게 무엇을 보고 어떤 것을 추측할 때 "성격이 유쾌한가 봐요."와 같이 말해요.

2) 2-①~④의 그림을 보고 교사와 함께 친구들의 장래 희망과 그것으로 추측할 수 있는 성격을 말해 본다. 이후 한 사람씩 돌아가며 말해 본다.

선 그림을 보고, 친구들이 뭐가 되고 싶은지 말해 보세요. 아이다는 앞으로 뭐가 되고 싶어요?

학 수의사가 되고 싶어요.

선 아이다는 성격이 어떨까요?

학 마음이 따뜻해요.

• 주요 학습 내용

어휘

개그 프로를 즐겨 보다, 반려동물을 키우다,
무대에 서는 것을 좋아하다, 빠른 속도를 즐기다,
꾸미는 것을 좋아하다

문법 및 표현

-어서인지

준비물

듣기 자료

• 학습 목표

• 장래 희망에 대한 발표문을 읽고 자신의 장래 희망과 이를 갖게 된 이유를 말할 수 있다.

1 도입, 읽기 전 – 5분

1) 자신의 장래 희망이 무엇인지 이야기해 보고, 왜 그런 장래 희망을 가지게 되었는지 그 이유도 말해 보게 한다.

2) 1번 그림을 보고 어떤 장면인지 이야기해 봄으로써 읽을 내용을 추측하게 한다.

　　🔵 성우가 지금 무엇을 하고 있어요?

3) 이번 시간에는 성우의 장래 희망에 대한 발표문을 읽을 것임을 알려 준다.

2 읽기 중 – 20분

1) 다 같이 1번의 읽기 지문을 소리 내어 읽게 한다. 읽기 전에 1-1)의 질문에 대한 답을 찾을 것을 과제로 준다.

2) 1-1)의 질문에 대한 답을 말해 보게 한다.

3) 이번에는 눈으로 조용히 읽으면서 1-2), 3)의 문제에 대한 답을 찾도록 한다.

4) 교사는 정답 문장을 칠판에 판서하여 학생들이 확인할 수 있도록 한다.

5) 칠판에 판서된 문장의 의미를 다음과 같이 맥락 속에서 이해할 수 있도록 하여 목표 문법의 의미를 파악한다.

　　🔵 성우는 왜 공룡에 관심이 많다고 생각해요? 성우 생각에는 어렸을 때부터 공룡 그림책을 많이 보았어요. 그래서 공룡에 관심이 많을 거예요. 이렇게 왜 공룡에 관심이 많은지 그 이유를 추측할 때 "어렸을 때부터 공룡 그림책을 많이 보아서인지 공룡에 관심이 많아요."라고 말해요.

6) 학생들 모두에게 본문을 소리 내어 읽게 한다. 또는 한 사람이 한 문장씩 돌아가며 읽게 한다.

4 장래 희망

1. 성우의 발표문을 읽고 질문에 답해 봅시다.

저는 나중에 커서 공룡 박사가 되고 싶어요. 어렸을 때부터 공룡 그림책을 많이 보아서인지 공룡에 관심이 많아요. 공룡은 종류가 아주 많은데, 저는 그중에서 티라노사우루스를 제일 좋아해요. 티라노사우루스는 이빨이 날카롭고 턱이 강해서인지 힘이 아주 세요. 저는 앞으로 공룡을 열심히 연구해서 새로운 공룡을 발견하고 싶어요.

1) 성우는 커서 무엇이 되고 싶어 해요?

2) 성우는 왜 자기가 공룡에 관심이 많다고 생각해요?

　　어렸을 때부터 공룡 그림책을 많이 □□□□□
　　공룡에 관심이 많아요.

3) 성우는 왜 티라노사우루스가 힘이 세다고 생각해요?

　　티라노사우루스는 이빨이 날카롭고 턱이 □□□□□
　　힘이 아주 세요.

150

문법 지식

-어서인지

• 앞의 상황이나 행동 때문에 어떤 결과가 나타나게 되었음을 추측할 수 있을 때 사용한다.

	조건	형태	예시
①	ㅏ, ㅗ	-아서인지	찾아서인지, 좋아서인지, 가서인지, 아파서인지
②	ㅏ, ㅗ 이외	-어서인지	먹어서인지, 읽어서인지, 슬퍼서인지, 보내서인지
③	-하다	-여서인지 (-해서인지)	노래해서인지, 피곤해서인지

• '이다, 아니다'는 '어서인지/라서인지'를 쓴다. 단, '이다' 앞의 명사에 받침이 없으면 '여서인지'라고 쓴다.

• '-어서인지'는 '-어서 그런지'로 바꿔 쓸 수 있다.

　　📝 비가 많이 와서인지 차가 많이 막혀요.
　　영희는 한국 친구들이 많아서인지 한국어를 잘해요.

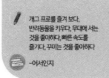

개그 프로를 즐겨 보다,
반려동물을 키우다, 무대에 서는
것을 좋아하다, 빠른 속도를
즐기다, 꾸미는 것을 좋아하다

－어서인지

2. 친구들이 지금의 장래 희망을 갖게 된 이유가 뭐예요? 〈보기〉와 같이 말해 봅시다.

〈보기〉

요우타는
장래 희망이 뭐예요?

요우타는 개그 프로를 즐겨
보아서인지 개그맨이 되고
싶어 해요.

① 수의사
반려동물을 키우다

② 연예인
무대에 서는 것을 좋아하다

③ 카레이서
빠른 속도를 즐기다

④ 의상 디자이너
꾸미는 것을 좋아하다

3. 여러분의 장래 희망이 무엇인지 쓰고, 그런 장래 희망을 가지게 된 이유를 말해 봅시다.

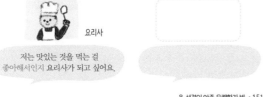

요리사

저는 맛있는 것을 먹는 걸
좋아해서인지 요리사가 되고 싶어요.

8. 성격이 아주 유쾌한가 봐 • 151

151

---

3 읽기 후 – 15분

1) 2번의 문제를 통해 읽기 본문에 제시된 목표 문법을 사용하는 연습을 한다. 교사와 전체 학생 또는 교사와 개별 학생으로 〈보기〉의 대화를 읽으며, 친구들이 장래 희망을 갖게 된 이유를 목표 문법을 사용해 말할 수 있게 한다.

2) 교사와 전체 학생으로 역할을 나누어 〈보기〉의 대화를 읽게 한다.

3) 2-1)~4)를 보며 〈보기〉와 같이 대화해 보게 한다. 교사와 함께 대화를 만들어 본다.

4) 교사와 개별 학생, 개별 학생과 개별 학생으로 대화해 본다. 이때 어려운 어휘는 간략히 설명해 주도록 한다.

   🔵 연극이나 음악회를 할 때 연극배우나 연주자가 무대에 올라가서 연기를 하고 연주를 하죠? 그래서 관객들 앞에서 연극이나 무용, 음악 연주를 하는 것을 '무대에 서다'라고 말하기도 해요.

🔵 자동차를 운전하거나 오토바이를 탈 때 빨리 달리는 것을 좋아하는 사람이 있죠? 이렇게 빠른 속도를 좋아할 때 속도를 즐긴다고 해요.

🔵 방을 예쁘게 만들거나 머리를 예쁘게 손질하거나 하는 것처럼 무엇을 보기 좋게 만드는 것을 '꾸미다'라고 해요.

어휘 지식	
즐겨 보다	어떤 것을 좋아해서 자주 보다. 예 나는 특별히 즐겨 보는 텔레비전 프로가 없다. 선생님은 야구를 좋아해서 야구 경기 중계를 즐겨 보신다.
반려동물 [발:려동물]	사람과 함께 살아가는 동물. 예 반려동물을 기르다. 최근 반려동물을 키우는 사람들이 많아지고 있다.
무대에 서다	연극, 무용, 음악 등의 공연을 관객들 앞에서 펼쳐 보이다. 예 그 배우는 오늘 처음으로 무대에 섰다. 건강이 안 좋은 노배우는 신기하게도 무대에만 서면 힘이 넘친다.
속도를 즐기다	빠르게 움직이는 것을 즐거워하고 좋아하다. 예 스포츠카는 속도를 즐기는 사람들이 주로 탄다. 손님은 속도를 즐기기 위해 오토바이 성능을 향상시켜 달라고 했다.
꾸미다	모양이 좋아지도록 손질하다. 예 방을 꾸미다. 그녀는 퇴근 후 데이트라도 있는지 예쁘게 꾸미고 출근했다.

5) 익힘책 112~113쪽을 풀게 한다.

   ※ 유의점: 이때 익힘책 3번은 교재 2번의 확장 연습이므로 이어서 풀어도 좋다. 그리고 익힘책 4번은 교재 3번 장래 희망 말하기 활동 전에 샘플 발화를 보여주므로 앞서 풀어 본 후 교재 3번으로 연계되도록 한다.

6) 3번 〈보기〉와 같이 자신의 장래 희망을 쓰도록 한다.

7) 그러한 장래 희망을 가지게 된 이유를 목표 문법을 사용해 한 문장으로 쓰도록 한다.

8) 장래 희망을 가지게 된 이유를 발표하게 한다. 학생들이 목표 문법 사용에 어려움이 없으면, 먼저 장래 희망과 이를 가지게 된 이유를 말로 표현해 보고 이후에 쓰도록 한다.

9) 교사는 학생들의 발표를 듣고 목표 문법을 잘 익혀서 사용할 수 있는지 점검한다.

10) 숙제를 알려 주고, 다음 차시 예고를 한다.

📖 page 152-153 (교재 축소판)

⑤ 인터뷰 기사문 읽기

1. 다음 인터뷰를 읽고 이야기해 봅시다.

🔵 파티시에는 무슨 뜻이에요?
🟤 파티시에는 프랑스어로 '음식을 만드는 사람'이란 뜻이에요.
🔵 사장님은 왜 파티시에가 되셨어요?
🟤 빵을 너무 좋아해서인지 맛있는 빵을 직접 만들어서 먹고 싶었어요.
🔵 그런데 왜 좋은 재료로 빵을 만드세요? 좋은 재료는 비싸잖아요.
🟤 내가 만든 빵을 먹고 사람들이 건강했으면 좋겠어요.
그래서 좋은 재료를 써요.

1) 파티시에는 무슨 뜻이에요?
2) 사장님은 왜 파티시에가 되었어요?
3) 사장님은 왜 좋은 재료로 빵을 만들어요?

152 • 의사소통 한국어 4

2. 다음 인터뷰 기사문을 읽고 빈칸에 알맞은 말을 써 봅시다.

오늘은 우리 동네 빵집 '알프스'의 사장님한테 궁금한 것을 몇 가지 여쭤봤어요. 사장님은 빵을 너무 _____ 맛있는 빵을 직접 만들고 싶었어요. 그래서 _____가 되었어요. _____는 프랑스어로 '음식을 만드는 사람'이란 뜻이에요. 사장님은 사람들의 건강을 위해서 비싸지만 좋은 재료를 사용해요. 사장님의 생각을 알고 나니 앞으로 '알프스' 빵집에 자주 가고 싶어졌어요.

3. 다음 인터뷰를 읽고 기사문을 써 봅시다.

나: 왜 서점을 하게 되었어요?
서점 주인: 서점이 사회에 필요할 것 같아서요.
나: 서점을 하면 어떤 점이 좋고, 어떤 점이 안 좋아요?
서점 주인: 서점에서 많은 사람을 만날 수 있잖아요. 그게 좋은 점이에요. 그리고 안 좋은 점은 언제든 책을 읽을 수 있다고 생각해서인지 책을 많이 안 읽는다는 거예요.

오늘은 우리 동네 서점 주인 아저씨를 만났어요. 궁금했던 점을 몇 가지 여쭤봤어요. 아저씨는 _____ 서점을 하고 있대요. 그리고 _____는 것이 좋다고 했어요. 안 좋은 점은 _____는 거예요.

8. 성격이 아주 유쾌한가 봐 • 153

5차시 인터뷰 기사문 읽기

· 학습 목표

• 인터뷰 대화와 인터뷰 기사문을 읽고 인터뷰 대화를 바탕으로 인터뷰 기사문을 쓸 수 있다.

1 도입, 읽기 전 – 5분

1) 교사는 다음과 같은 질문으로 학생들이 관심 있는 직업에 대해 이야기해 본다.
   🔴 여러분은 어떤 직업에 관심이 있어요? 그 직업에 대해서 무엇을 알고 싶어요?

2) 이번 차시에는 관심 있는 직업을 가진 사람을 찾아가서 인터뷰하고 쓴 인터뷰 기사문을 읽을 것임을 알린다.
   🔴 저밍은 파티시에가 되고 싶어 해요. 그래서 동네 빵집을 찾아가서 사장님을 인터뷰했어요. 어떤 내용을 인터뷰했는지 한 번 읽어 봅시다.

2 읽기 중 – 20분

1) 1번 인터뷰 글을 교사와 전체 학생으로 역할을 나누어 읽어 본다.

2) 1-1)~3)의 질문에 답하게 한다.

3) 역할을 나누어 본문을 다시 한번 읽어 본 후 교사와 함께 답을 확인한다.

4) 2번의 글이 인터뷰 대화문을 신문에 기사문으로 쓴 것임을 알려 주고, 학생들에게 소리 내어 글을 읽게 한다. 이때 빈칸에 들어갈 알맞은 말을 채워서 읽도록 한다.

5) 읽은 내용대로 빈칸을 채워 써 보게 한다.

6) 한 사람씩 돌아가며 완성된 인터뷰 기사문을 읽도록 한다.

3 읽기 후 – 15분

1) 3번의 또 다른 인터뷰 대화를 역할을 정해 읽어 보도록 한다.

2) 학생들이 내용을 이해했는지 질문을 한다.
   🔴 누구를 인터뷰했어요?
   🔴 주인 아저씨는 왜 서점을 하게 됐어요?
   🔴 서점을 하면 좋은 점은 뭐예요?
   🔴 서점을 하면 안 좋은 점은 뭐예요?

3) 인터뷰 내용을 기사문으로 쓴 아래 글을 빈칸을 채워 가며 읽어 보도록 한다.

4) 숙제를 알려 주고, 다음 차시 예고를 한다.

6 인터뷰 기사문 쓰기

1. 다음 직업 중 하나를 골라 인터뷰 질문을 만들어 봅시다.

| 선생님 | 경찰관 | 문구점 주인 |

?

1)

2)

3)

2. 위 질문으로 인터뷰를 하고 인터뷰 기사문을 써 봅시다.

3. 인터뷰 기사문을 친구들 앞에서 발표해 봅시다.

6차시 인터뷰 기사문 쓰기

· **학습 목표**
· 여러 직업 중 하나를 골라 그 직업을 가진 사람을 인터뷰하고 인터뷰 기사문을 쓸 수 있다.

1 도입, 쓰기 전 - 10분

1) 1번에 제시된 선생님, 경찰관, 문구점 주인에 대해서 아는 것을 말해 보게 한다.
   教 경찰관은 어떤 일을 해요?
   教 경찰관이 되려면 무엇을 잘해야 해요?
   教 경찰관이 되면 좋은 점은 뭐예요?
   教 경찰관이 되면 나쁜 점은 뭐예요?

2) 그 밖에 어떤 직업에 대해 알고 싶은지 말해 보게 한다.

3) 알고 싶은 직업을 하나 정하도록 한다.

2 쓰기 중 - 20분

1) 정한 직업에 대해 궁금한 것을 2-1)~3)에 쓰도록 한다.

2) 쓴 내용을 발표하도록 한다.

3) 친구들과 짝을 지어 인터뷰 질문에 서로 대답하게 한다. 또는 교사를 해당 직업인으로 가정하고 인터뷰할 수도 있다.

4) 인터뷰한 결과를 바탕으로 2번의 빈칸에 인터뷰 기사문을 쓰도록 한다.

3 쓰기 후 - 10분

1) 인터뷰 기사문을 친구들 앞에서 발표하게 한다.

2) 다른 친구가 발표한 인터뷰 기사문을 듣고 궁금한 점을 질문하게 한다.

3) 숙제를 알려 주고, 다음 차시 예고를 한다.

7 미래의 모습 이야기하기

1. 두 친구의 대화를 잘 듣고 질문에 답해 봅시다. 📻 39

1) 저밍과 아이다의 미래 모습을 골라 보세요.

2) 아이다는 왜 벌써 저밍이 요리사가 된 것 같다고 했어요?

진로 탐구 대회 때 저밍의 그림을 [   ] 벌써 요리사가 된 것 같다고 했어요.

3) 아이다는 무엇을 잘해요?

2. 친구의 미래 모습에 대해 이야기해 봅시다.

우리 나중에 커서 어떤 사람이 되어 있을까?

나는 자동차를 아주 좋아하잖아. 그러니까 아마 카레이서가 되어 있지 않을까?

자동차에 정말 관심이 많은가 봐.

3. 여러분의 미래의 모습에 대해 친구와 이야기해 봅시다.

1) 무엇을 좋아해요?

2) 커서 무엇이 되어 있을까요?

3) 장래 희망을 이루고 나서 어떤 일을 하고 싶어요?

난 춤추고 노래하는 것을 좋아하잖아. 아마 내가 흥이 많은가 봐. 그래서 나중에 커서 연예인이 되어 있을 것 같아. 연예인이 되면 사람들에게 꿈을 주는 노래를 부르고 싶어.

7차시 미래의 모습 이야기하기

· 학습 목표

• 미래의 모습에 대한 대화를 듣고 서로의 미래의 모습에 대해 이야기를 나눌 수 있다.

1 도입, 듣기 전 – 5분

1) 미래에 어떤 사람이 되어 있을지 미래의 모습을 상상해 보게 한다.

🗣 여러분, 나중에 커서 어떤 일을 하고 있을 것 같아요? 친구들은 어떤 사람이 되어 있을까요? 왜 그렇게 생각해요?

2) 친구들이 미래의 모습에 대해 상상하는 대화를 들을 것임을 알려 준다.

2 듣기 중 – 10분

1) 두 친구의 대화를 듣고 1-1)의 답을 찾아보게 한다.

듣기 자료 📻 39
아이다: 저밍, 우리 나중에 커서 어떤 사람이 되어 있을까?
저밍: 나는 요리를 좋아하잖아. 그러니까 아마 호텔 요리사가 되어 있지 않을까?
아이다: 요리를 정말 좋아하나 봐. 진로 탐구 대회 때 네 그림을 봐서인지 벌써 네가 요리사가 된 것 같아.
저밍: 아이다, 너는 커서 뭐가 되어 있을까?
아이다: 나는 동물 돌보는 걸 잘하잖아. 수의사가 되어 있겠지.
저밍: 너도 정말 멋지다.

2) 다시 한번 들으면서 1-2), 3)의 답을 찾아보게 한다.

3) 학생들과 함께 정답을 확인한 후 한 문장씩 따라 하게 한다.

3 듣기 후 – 25분

1) 2번 〈보기〉의 대화를 교사와 전체 학생 또는 교사와 개별 학생으로 역할을 나누어 읽어 본다.

2) 교사와 학생들이 함께 ①~③의 그림을 보고 〈보기〉와 같이 대화를 만들어 본다.

3) 두 사람씩 짝을 지어 대화 연습을 하게 한다.

4) 두 사람씩 짝을 지어 대화를 발표해 보게 한다.

5) 3-3)의 말풍선을 다 같이 읽어 보게 한다.

6) 3-1), 2)에 답하게 한다.

7) 두 사람씩 짝을 지어 1), 2)의 답을 바탕으로 3)의 말풍선과 같이 말해 보게 한다.

8) 짝을 지어 연습한 내용을 학생들 앞에서 발표하게 한다.

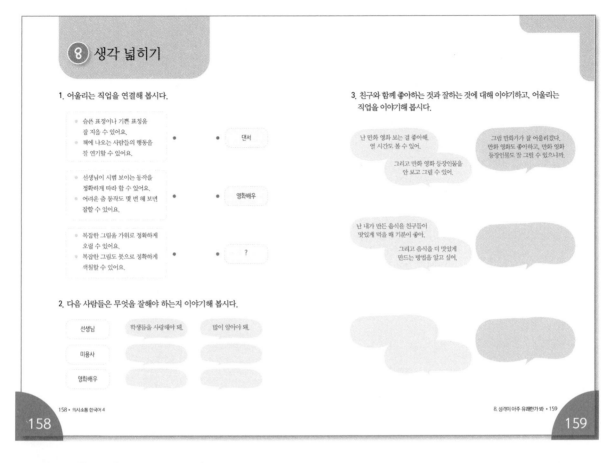

8차시 생각 넓히기

· **학습 목표**
· 좋아하는 것과 잘하는 것에 대해 이야기하고 어울리는 직업을 말할 수 있다.

1 도입, 말하기 전 – 10분

1) 댄서나 영화배우가 되기 위해서는 어떤 것을 잘해야 하는지 이야기해 보게 한다.

2) 1번에 제시된 잘하는 일과 그에 어울리는 직업을 연결해 보게 한다.

3) 빈칸에 해당하는 직업을 말해 보게 한다.

4) 댄서, 영화배우, 화가가 되기 위해서 더 필요한 것은 없는지 말해 보게 한다.

5) 2번에 제시된 직업을 가진 사람들은 무엇을 잘해야 하는지 말해 보게 한다.

6) 다른 직업에 대해서도 그 직업을 가지기 위해서는 무엇을 잘해야 하는지 말해 볼 수 있다.

2 말하기 중 – 20분

1) 3번에 제시된 말풍선을 역할을 나누어 읽어 보고, 좋아하는 것과 잘하는 것을 생각해서 어울리는 직업을 고를 수 있음을 이야기한다.

2) 두 번째 말풍선을 읽어 보고, 이 사람이 좋아하는 것과 잘하는 것을 생각했을 때 어울리는 직업이 무엇인지 말해 보게 한다.

  신 다 같이 두 번째 말풍선을 읽어 봅시다.

  신 이 사람은 무엇을 좋아해요? 그리고 잘하는 것은 뭐예요?

  신 그럼, 이 사람에게는 어떤 직업이 잘 어울릴까요?

3) 2)에서 말한 것과 말풍선의 내용을 바탕으로 역할을 나누어 대화를 해 보게 한다.

4) 두 명씩 짝을 지어 한 명이 좋아하는 것과 잘하는 것을 말하면, 이를 듣고 다른 한 명이 친구에게 어울리는 직업을 말해 주도록 한다.

5) 짝을 바꾸어 대화해 보게 한다.

6) 교사가 두 사람을 지정해 학생들 앞에서 대화해 보도록 한다.

3 말하기 후 – 10분

1) 좋아하는 것과 잘하는 것이 일치하지 않을 때는 어떻게 할 수 있는지 이야기해 보게 한다. 3번의 대화에서 이러한 경우가 있었다면 구체적으로 예를 들어 말해 볼 수 있고, 그렇지 않다면 상황을 가정하여 이야기해 보게 한다.

2) 대단원을 정리한다.

● 메모

● 메모

● 메모

● 메모

기획·담당 연구원 ──

정혜선 국립국어원 학예연구사
이승지 국립국어원 연구원
박지수 국립국어원 연구원

집필진 ──

책임 집필
이병규 서울교육대학교 국어교육과 교수

공동 집필
박지순 연세대학교 글로벌인재학부 교수
손희연 서울교육대학교 국어교육과 교수
안찬원 서울창도초등학교 교사
오경숙 서강대학교 전인교육원 교수
이효정 국민대학교 교양대학 교수
김세현 서울명신초등학교 교사
김정은 서울가원초등학교 교사
박유현 연세대학교 언어연구교육원 한국어학당 강사
박지현 연세대학교 언어연구교육원 한국어학당 강사
박창균 대구교육대학교 국어교육과 교수

박혜연 서울교대부설초등학교 교사
박효훈 서울원명초등학교 교사
신윤정 서울도림초등학교 교사
신현진 서울강동초등학교 교사
이은경 세종사이버대학교 한국어학과 교수
이현진 서울천일초등학교 교사
조인옥 연세대학교 언어연구교육원 한국어학당 교수
최근애 서울사근초등학교 교사
강수연 서울구로중학교 다문화이중언어 교원

초등학생을 위한
표준 한국어 교사용 지도서
저학년 의사소통 4

ⓒ 국립국어원 기획 | 이병규 외 집필

초판 1쇄 인쇄 | 2020년 3월 10일
초판 1쇄 발행 | 2020년 3월 20일

기획 | 국립국어원
지은이 | 이병규 외
발행인 | 정은영
책임 편집 | 한미경
디자인 | 디자인붐, 박현정, 이경진, 정혜미
일러스트 | 우민혜, 민효인, 김채원, 고굼씨

펴낸 곳 | 마리북스
출판 등록 | 제2019-000292호
주소 | (04053) 서울특별시 마포구 와우산로29길 37 301호(서교동)
전화 | 02)336-0729   팩스 | 070)7610-2870
이메일 | mari@maribooks.com
인쇄 | (주)현문자현

ISBN 979-11-89943-34-9 (64710)
       979-11-89943-30-1 (set)